위기를 극복하는 창의적 CEO의 조건

위기를 극복하는

창의적
CEO의
조건

왕즈강 지음 | 백경민 옮김

위기를 극복하는
창의적 CEO의 조건

초판 1쇄 발행 | 2006년 1월 31일

지은이 | 왕즈강
옮긴이 | 백경민
펴낸이 | 안동명
펴낸곳 | 멘토르

기획 | 정연금 · 신꽃다미
마케팅 | 김경용
편집 · 본문디자인 | 책미소
표지 디자인 | D_box
내용 문의 | mentor@mentorbook.co.kr

등록 | 2004년 12월 30일 제302-2004-00081호
주소 | 서울시 용산구 청파동3가 131 선린인터넷고교내 IT연구개발센터
전화 | 02) 706-0911
팩스 | 02) 706-0913

ISBN | 89-91767-14-1 03320

가격 | 13,000원

그대, 이 시대가 원하는 창의적 CEO인가?

오늘날은 사업가의 천국이다. 비즈니스계에 굵직한 글로벌기업이 대거 포진하고 있긴 하지만, 그래도 경제계의 허리를 굳게 떠받치고 있는 이들은 100명 이하의 종업원과 함께 일하는 사업가다. 물론 그들이 처한 환경은 하루가 다르게 변하고 있고, 사업가들은 살아남기 위해 시대의 흐름을 주도하는 동시에 그 흐름에서 밀려나지 않으려고 최선을 다한다. 이들이 치열한 경쟁을 이겨내려 애쓰며 굳이 사업을 추구하는 이유는 무엇일까?

그것은 바로 부를 축적하는데 사업만 한 것이 없기 때문이다. 하루가 다르게 쏟아져나오는 신기술은 수많은 기회를 만들어내고 또한 시장의 규모를 넓혀 부를 축적할 수 있는 환경을 만들어주고 있다. 특히 방대한 시장은 사업가에게 무한한 발전기회는 물론 사회발전에 기여할 수 있는 기회도 제공한다.

그러나 돈의 유혹에 휩싸이면 비즈니스계의 최전선에 도사리고 있는 위기를 발견하기 어렵다. 모든 사물에 양면성이 있는 것처럼 기회가 많은 비즈니스계에는 또한 그만큼의 위험이 있다. 바로 여기서 CEO의 자질이 드러나게 된다. 창의적인 CEO는 시대의 흐름에 발맞춰 위험마저도 기회로 받아들이고 도전을 하지만, 그 반대의 경우에는 두려움에 제자리걸음을 하거나 오히려 퇴보하고 만다.

특히 오늘날의 비즈니스계는 사방이 지뢰밭이다. 그것을 피해가는 유일한 방법은 '창의력'을 발휘하는 것뿐이다. 심지어 자본이 없으면 아예 사업을 꿈도 꾸지 못하던 시절과 달리 지금은 창의적인 아이템 하나만으로도 얼마든지 부를 축적할 수 있는 시대다.

실제로 창의력이라는 무기를 들고 심리적인 준비와 더불어 비즈니스 세계를 이해하기만 한다면, 여러분은 물을 만난 물고기처럼 시장이라는 커다란 바다를 원하는 대로 헤엄쳐다닐 수 있을 것이다.

차례

프롤로그_그대, 이 시대가 원하는 창의적 CEO인가

1 장

틈이 없을 것 같은

시장에서, 기회 찾기

누구도 보지 못한 틈새시장을 노려라

'장사가 좀 된다 싶은 것은 모조리 대기업이 시장을 독점하고 있어.'

평소 창업을 꿈꾸거나 이미 창업을 하여 시장에서 고전하고 있는 사업가는 흔히 이런 생각을 한다. 그들은 자신들이 설 자리가 없다며 볼멘소리를 하고 대기업과 경쟁할 기회조차 주어지지 않는다고 불평한다. 그러나 이러한 사고방식은 자신의 능력을 과소평가하고 기회를 찾기 위한 노력을 게을리하는 데서 생긴다.

사실, 꼼꼼하게 시장조사를 해보면 대기업이 소홀히하는 틈새시장이 반드시 존재한다. 그러한 틈새시장을 찾아내 창의력을 발휘한다면, 경쟁이 치열한 비즈니스 세계에서도 자신의 설 자리를 마련할 수 있다.

밍니탕커는 소규모 비누 제조업체로, 후발주자인데다 이름도 잘 알려져 있지 않아 고전하고 있었다. 대기업에 도전장을 내밀기는커녕 생존 자체를 고민해야 할 처지였던 것이다. 연구에 연구를 거듭한 끝에 그 회사는 '측면공략법'을 고안해냈다. 남들이 밟고 간 길을 따라가는 것이 아니라, 독창적인 제품 전략으로 시장에 도전하기로 한 것이다.

그리하여 1979년, 이들은 처음으로 액체비누를 출시했다. 그 제품은 소리 소문 없이 시장에 침투했고 얼마 지나지 않아 소비자들로부터 커다란 인기를 끌게 되었다. 처음에는 일시적인 바람이려니 하고 팔짱을 끼고 바라보던 대기업들도 액체비누가 고형비누 시장까지 잠식하자 당혹스러움을 감추지 못했다. 밍니탕커는 시장의 변화를 읽어내고 새로운 제품을 개발함으로써 당당히 대기업과 겨뤄 성공한 것이다.

하늘이 무너지는 일이 닥쳤을 때 대다수의 사람들은 좌절해버리지만, 현명한 사업가는 솟아날 구멍을 찾는다. 시장경쟁이 아무리 치열한들 틈새는 있게 마련이다. 특히 현대사회에서 틈새시장은 생존을 넘어 거대한 성공을 이루는 토대가 된다. 틈새시장을 놓치는 것은 돈을 벌 수 있는 방대한 시장을 놓치는 것과 같다. 만약 밍니탕커가 솟아날 구멍을 찾기 위해 자기계발에 힘쓰지 않고 여전히 다른 사람의 꽁무니만 따라갔다면, 아마 활로를 찾지 못하고 대기업이 떨어뜨린 떡고물을 주워 먹는 데 급급했을 것이다.

틈새시장을 노린 기업으로 쑤난의 도로용 무선전기회사도 있다. 많은 기업들이 대형 가전제품에 주목하고 있는 사이, 그들은 틈새를 노려 학생용 소형 녹음기를 개발했다. 덕분에 가전업체들의 치열한 경쟁에서 한 걸음 비켜나가 충격을 피할 수 있었고 판매량은 꾸준히 증가했다.

생존경쟁은 날로 치열해지고 있다. 이러한 상황에서 그저 막연히 '어떻게든 되겠지' 하고 멍하니 앉아 있다가는 하루아침에 빈털터리가 되기 십상이다. 자기계발을 위해 노력하고 용감하게 도전할 줄 알아야만 나만의 생존공간을 확보할 수 있는 것이다. 그럼에도 불구하고 많은 사람들이 이러한 사실을 깨닫지 못한다.

중국의 최대 명절인 춘절(중국의 음력설)에는 한국에서 명절에 한복을 입듯 많은 중국인들이 당(唐)나라 때의 의상을 입는다. 따라서 그 시기에 맞춰 많은 의류회사가 전통의상을 팔아 높은 수익을 올리기도 한다. 하지만 그 이면에는 넋 놓고 시장만 바라보고 있다가 빈 손가락만 빠는 기업도 많다. 그 이유는 적당한 시기에 돈을 벌 수 있는 기회를 잡지 못하고 틈새시장을 놓쳤기 때문이다.

어떤 사업가는 상하이의 회의석상에서 각국 정상들이 중국의 전통의상을 차려입은 것을 보고 곧바로 전통의상을 생산해냈다. 물론 그 회의 장면을 보고도 계속 청바지를 생산하며 멍한 웃음만 흘린 사업가도 있다. 기회를 포착한 의류 회사들이 전통의상을 출시하며 인기몰이를 하고 있을 때, 기회를 놓친 사업가들은 그제야 정신을 차리고 그들을 좇아 전통의상을 만들기 시작했다. 그러나 이미 그 시장은 서서히 막을 내리고 있었다.

시기가 지났음을 감지한 지혜로운 사업가는 전통의상을 생산하지 않는다. 물론 그 후에까지 너도나도 전통의상을 출시한 의류회사들이 어떤 결과를 맞게 될지는 뻔한 일이다. 기회포착과 빠른 두뇌회전은 치열한 비즈니스계에서 살아남기 위한 제1조건이다.

그렇다면 이러한 능력을 기르기 위해서는 어떻게 해야 할까?

무엇보다 실전과 경험을 통해 지식을 축적해야 한다. 그뿐 아니라 시대의 변화에 발맞춰 끊임없이 변화해야 한다. 늘 최선의 방법을 찾기 위해 연구해야 하고, 의사결정은 반드시 심사숙고한 후 내려야 한다. 특히 독선과 아집에 치우친 의사결정은 문제를 내포하고 있음을 깨달아야 한다.

그밖에 뛰어난 예측능력과 독창성도 필수적이다. 다른 사람이 성공한 길을 똑같이 밟아나가는 것은 남이 씹다 버린 사탕수수를 주워 씹는 것과 같다. 때로는 틈새시장을 직접 만들 수도 있다. 소위 말하는 블루오션을 개척하는 것이다. 틈새시장을 만들면 치열한 경쟁에서도 쉽게 입지를 굳힐 수 있고, 더 나아가 기적을 만들어낼 수도 있다.

시장 정보를 선점하라

정보를 가진 자와 그렇지 못한 자는 마치 호랑이와 고양이가 싸우는 것처럼 승부에 있어서 엄청난 격차가 벌어진다. 사실, 비즈니스계에서의 승패는 '시장 정보를 얼마나 갖고 있느냐'로 결정된다고 해도 과언이 아니다. 정보는 늘 우리 주변에 있다. 그럼에도 일반인들이 가치 있는 정보를 얻지 못하는 것은 그것을 발견해 내는 통찰력이 부족하기 때문이다.

미국 아머 사의 창립자 필립 아머는 날카로운 통찰력으로 정보를 선점해 성공을 거둔 대표적 인물이다.

늘 신문을 정독하는 습관이 있던 그는, 어느 날 신문에서 평범한 가십기사 하나를 읽게 된다. 한 신부가 남군 리 장군의 관할구역에서 한 무리의 아이들과 마주쳤는데, 그들이 이구동성으로 이렇게 불평을 쏟아냈다는 것이다.

"며칠 동안 빵을 먹지 못했어요. 아빠가 가져온 말고기는 질겨서 먹기가 너무 힘들어요."

그 아이들은 리 장군 부대에 소속된 장교들의 자녀들이었고, 기사를 읽은 아머는 이렇게 생각했다.

'리 장군은 전마(戰馬)를 도살해 굶주린 배를 채우는 지경에 이르렀군. 전쟁은 이제 얼마 못 가 끝날 거야.'

그 무렵 돼지고기 가격이 폭등하고 있었는데, 아머는 그러한 현상은 전쟁 때문이며 종전이 되면 가격이 폭락할 것이라고 예측했다. 그는 즉시 현지 판매상들과 현재 시가보다 낮은 가격에 돼지고기 판매계약을 체결했다. 그리고 계약조건으로 돼지고기 납기일을 며칠 늦추었다.

그의 예측대로 전쟁은 곧 끝났다. 그러자 돼지고기 가격은 폭락했고 싼 값에 고기를 사들인 아머는 앉은 자리에서 100만 달러를 손에 쥘 수 있었다.

1875년 봄 어느 주말, 가족과 함께 교외로 소풍을 가기 위해 준비하던 아머가 그리 중요해 보이지 않는 신문기사에 관심을 보였다. 그 기사에 따르면 멕시코에서 가축 전염병이 발생하여 계속 확산되고 있는 중이라고 했다. 당시 아머는 육류사업을 시작했기에 그의 시선은 그 기사에서 떠날 줄 몰랐다.

'멕시코에 정말로 가축 전염병이 발생했다면 인근 지역인 캘리포니아와 텍사스도 전염병의 영향을 받을 것이다.'

캘리포니아와 텍사스는 미국 육류식품 공급의 중심지였기 때문에, 일단 전염병이 발생하면 전 미국의 육류공급에 상당한 차질을 빚을 것이 분명했다. 그는 심사숙고 끝에 전화기를 들어 담당 의사에게 전화를 했다. 그리고 멕시코로 여행을 가지 않겠느냐고 물었다. 갑작스러운 제안에 의사는 영문을 몰라 어리둥절해하며 선뜻 대답하지 못했다. 아머는 의사에게 생각할 겨를도 주지 않고 상의할 것이 있다며 그를 교외의 한 식당으로 불러냈다.

의사를 본 아머는 다짜고짜 이렇게 말했다.

"즉시 멕시코로 가서 그곳에 정말로 가축 전염병이 발생했는지 현지조사를 해주어야겠소."

이튿날, 의사는 즉시 멕시코로 날아가 현지상황을 아머에게 보고했다. 그가 신문에서 본 소식이 한 치의 오차도 없는 정확한 것임을 확인한 아머는 곧바로 행동을 개시했다. 그는 동원할 수 있는 자금을 모두 모아 텍사스와 캘리포니아의 소고기와 산 돼지를 사들이기 시작했다. 그리고 그것을 미국 동부로 옮겼다.

얼마 후, 그의 예측대로 전염병이 캘리포니아와 텍사스로 전염되었고 미국 정부는 두 주의 육류식품이 외부로 유출되지 않도록 엄격하게 규제했다. 그러자 공급이 줄어들면서 육류식품의 가격이 폭등했다. 물론 시장을 미리 읽고 물건을 사재기해 놓았던 아머는 몇 개월 동안 600만 달러를 벌어들였다. 그러나 아머는 조금 유감스러운 듯 말했다.

"원래 의사를 그날 당장 멕시코로 보내고 싶었지만, 그가 이튿날 떠나는 바람에 100만 달러를 손해보고 말았습니다."

시장의 모서리를 노려라

융통성 없는 경쟁은 적과 나를 모두 망하게 할 수 있다. 현명한 사업가는 되도록 이런 경쟁은 피한다. 그들은 시장 흐름에 유연하게 대처할 수 있는 경쟁전략을 세워 '바이어마켓'에서 '세일러마켓' 사업을 벌이는 것이다. 물론 그러기 위해서는 시장조사를 거쳐 목표대상이 확실한 판매전략을 세워야 한다.

시장의 맹점을 찾으면 굳게 닫힌 사업의 문이 활짝 열린다.

어느 의류업체는 요즘 사람들이 캐주얼의류를 자주 입는다는 점에 주목하여 사람들의 불만사항을 체크했다. 특이한 체형으로 인해 몸에 맞는 캐주얼을 찾지 못하는 사람들을 통해 시장 기회를 읽어내려 했던 것이다. 결국 그들은 특대 사이즈, 새가슴용 의류, 등이 굽은 사람을 위한 옷 등 특별한 캐주얼 디자인을 연구 · 개발하여 신문에 광고를 냈다. 이렇게 하여 주문생산에 들어갔는데,

그동안 캐주얼의류에 목말라하던 특이체형 사람들의 폭발적인 인기를 얻었다.

경쟁상대가 보유한 경쟁력에서 허점을 찾아 자신의 제품개발 전략으로 활용하는 것도 좋은 방법이다. 경쟁상대를 연구하여 제품의 약점과 판매망의 허점을 찾아내라. 그것이야말로 기회를 잡는 효과적인 방법의 하나이다.

미국의 L플라스틱용품 회사는 1980년 새로운 CEO를 영입하면서 업무실적이 5배나 증가하고 순이익도 6배나 늘었다. 이들의 성공비결은 시장경쟁에 적극적으로 참여해 경쟁자의 장점은 취하고 단점은 보완하는 전략을 도입한 데 있었다. 일단 경쟁사에서 음식을 보관하는 플라스틱 용기를 개발하자, L사는 경쟁사 제품에 대해 면밀히 분석하고 연구했다. 그 결과, 제품의 품질은 뛰어나지만 디자인이 낡았고 안의 작은 공간을 활용하기에 적합하지 않다는 문제점을 발견했다.

일단 문제를 발견한 L사는 그 문제점을 개선해서 성능이 좋고 가격이 싸며 공간을 덜 차지하는 플라스틱 용기를 개발했다. 경쟁사가 자신의 결점을 눈치채지 못하는 사이에 L사는 경쟁사의 결점을 파악해 시장점유율을 높이는 데 이용한 것이다.

이처럼 시장의 모서리, 즉 다른 사람이 소홀히 하는 것을 찾아내 발전을 도모할 수 있는 기회로 만들어야 한다.

일본 동경의 어느 부동산회사는 43평방미터의 작은 공간에서 사업을 하고 있었다. 어느 날, 한 사람이 찾아와 수백 평방미터나 되는 산지(山地)를 팔기 위해 상담을 했다. 그런데 그 산지는 인적이 드물고 아무런 시설도 들어서 있지 않아 투자가치가 거의 제로(0)에 가까웠다. 그때 부동산회사 사장은 곰곰이 생각했다.

'도시생활에 신물이 난 사람들이 서서히 자연으로 돌아가려는 움직임을 보이고 있다. 이것은 막을 수 없는 추세다!'

그는 곧바로 전 재산을 털고 거액의 대출까지 받아 그 대지를 매입했다. 그런 다음 그 땅을 농업용지와 별장 건축용지로 구분하여 크게 광고를 냈다. 아름다운 자연의 모습을 그대로 담아낸 그 광고는 사람들로부터 자연에 대한 향수를 불러일으키며 대번에 시선을 사로잡았다. 그 결과, 채 1년도 안 되어 5분의 4에 이르는 땅이 팔려나갔고 순이익만 50억 엔에 이르렀다.

다른 사람이 관심을 기울이지 않는 '모서리 아이템'을 발굴해 성공한 그는 이렇게 말했다.

"다른 사람은 절대 하지 않을 아이템 혹은 타인이 거들떠보지도 않던 아이템에는 종종 큰 기회가 내재되어 있다. 무엇보다 경쟁자가 없기 때문에 안정적으로 사업을 할 수 있고 현금이 마치 눈덩이가 불어나는 것처럼 굴러들어 온다. 중요한 것은 그런 기회를 잡는 것이다."

모서리 아이템을 발굴하려면 사소한 것이라도 놓쳐서는 안 된다. 작은 일에도 관심을 쏟아야 하는 것이다.

션쩐의 한 중소기업은 아무리 사소한 것이라도 절대 놓치지 않고, 동종 업계의 다른 기업들이 꺼리는 사업 아이템을 위해서도 최선을 다해 일한다. 이를 통해 그 기업은 고객들의 신임을 얻고 중견 기업들이 군림하는 비즈니스계에서 독자적인 시장을 확보했다. 사람들이 버려둔 채 관심을 두지 않는 곳으로부터 뿌리를 다져나갔던 것이다. 이것은 시장에서 승리하기 위한 아주 중요한 사업전략이다.

저가상품을 공략해 서민들의 수요를 만족시키는 것 역시 중요한 모서리 아이템 개발전략이다. 대부분의 중·저소득층 소비자들이 필요로 하는 것은 여전히 저가의 필수품이다. 그런데 이러한 아이템은 이윤이 적기 때문에 참여하는 기업들이 점점 줄고 있다.

쟝쑤성 하이먼현의 시우샨 전구회사는 100여 명 정도의 직원들이 일하는 소규모 기업이다. 이 회사에서는 이윤이 적다는 이유로 많은 기업들이 생산하려 하지 않는 전구를 지속적으로 생산해 홍콩시장의 환영을 받고 있다. 홍콩에 한 해 400만 개의 전구를 판매하는 선두기업으로 자리잡은 것이다.

저장성에 위치한 한 무선전기 업체는 잠재시장을 개발하는 과정에서 라디오 시장에 심각한 수급불균형 문제가 있음을 발견했다. 낙후된 농촌에서 정치나 경제 정보에 관심을 기울이는 사람들이 늘고 있는 데 반해, 그 욕구를 충족시켜줄 제품이 부족했던 것이다. 또한 끊임없이 증가하는 외국 여행객들도 라디오를 필요로 하는 수요자로 등장했다.

잠재시장을 파악한 이 업체는 가격이 저렴하고 모양도 아담한

휴대용 라디오를 적극적으로 연구·제조했다. 그렇게 출시된 소형 라디오는 엄청난 인기를 끌었고 판매량도 급증했다.

경제의 흐름에 따라 사람들의 수요는 계속해서 변화한다. 예를 들어, 석유파동이 일어나면 불편함으로 인해 거들떠보지도 않았던 석탄 수요가 늘어나고, 유행을 선도하는 인기스타가 착용하면 구닥다리 제품도 삽시간에 유행의 한 흐름으로 자리잡는다. 그렇기 때문에 이 같은 흐름을 잘 읽어내 시장 기회로 활용하는 지혜가 필요하다.

중국의 현실을 고려해 볼 때, 미래의 성장 가능성이 예측되는 업종을 살펴보면 다음과 같다.

① 건강을 위한 업종

의식주와 관련된 필수품들이 소비의 주류를 이루던 빈곤상태에서 벗어나면서 사람들은 젊음을 유지하기 위한, 즉 노화를 방지하기 위한 제품에 돈을 아끼지 않고 있다. 더욱이 과학의 발달로 수명이 길어지면서 건강에 대한 사람들의 관심도 꾸준히 높아지고 있다.

② 허영심을 채워주는 업종

사람은 누구나 허영심을 가지고 있다. 즉, 다른 사람이 자신을 훌륭하고 대단한 사람으로 봐주길 원한다. 특히 아름다움에 대한 집착은 상상을 초월할 정도다. 바로 이런 곳에 시장 기회가 있다.

③ 희소업종

만약 내일 당장 무나 배추가 지구상에서 사라진다고 하면, 아마도 큰돈을 투자해 사재기를 하는 사람이 분명 있을 것이다. 가격이 너무 비싸 아무도 물건을 찾지 않을 거라는 염려는 접어라. 정말로 희소한 물건이라면 바이어가 없다고 걱정할 일은 아니다. 역사적으로 인류는 희소한 물건을 갖고 싶은 유혹을 이겨내지 못했다.

④ 사람들에게 편리함을 줄 수 있는 업종

사람은 나태한 동물이다. 하지만 과학기술의 발달은 사람들이 과거에 비해 더 나태해도 보다 많은 일을 할 수 있게 해주었다. 사람들의 이러한 숨겨진 욕구를 만족시킬 수 있다면, 그 상품은 불티나게 팔릴 것이다.

⑤ '소황제(小皇帝)'를 위한 아이템

가족계획 정책으로 자녀를 한둘밖에 낳지 않으면서 아이들에 대한 부모의 기대도 커졌고, 더불어 그들에게 쏟는 부모의 정성도 커졌다. 부모들은 자녀를 위해서라면 무엇이든 해줄 기세다. 그들을 대상으로 사업 방향을 정해도 좋다.

⑥ 고가 상품 혹은 저가 상품 영역

어떤 사회든 고소득 계층과 저소득 계층이 공존한다. 따라서 아주 비싼 물건일지라도 구입할 사람은 항상 있으며, 그것은 아주 싼 물건도 마찬가지다. 이러한 시장의 속성을 염두에 두고 사업 방향을 결정해야 한다.

⑦ 여성 관련 아이템

대부분의 여성은 이성보다는 감성에 가깝기 때문에 젊음이나 아름다움, 몸매, 연애 중 하나를 선택해 여성의 주머니를 노려보는 것도 좋다. 이러한 아이템들은 여성들로 하여금 아낌없이 돈을 내놓게 한다.

머리를 써서 돈을 벌어라. 문제를 인식하고 그 속에서 시장 기회를 읽어내려면 과감하게 상식을 뛰어넘어라. 그러면 땅속에서 돈이 나오고 돌도 금으로 바뀐다.

사실, 사업의 승패를 결정짓는 요소는 '자산이 얼마나 많은가' 혹은 '얼마나 경험이 많은가'가 아니다. 그것은 '얼마나 적시적소에 제품을 공급하는가' 그리고 '얼마나 고객과 시장의 욕구를 만족시키느냐'에 달려 있다.

남보다 빠르고 정확한 눈을 지녀라

미래의 시장 동향을 정확하게 예측하는 사업가는 성공한다.

쑤조우의 창청 선풍기는 1985년 이래로 생산량, 생산가치, 이윤, 세금이 매년 각각 배로 늘어났다. 시장이 불경기로 가라앉는 상황에서도 연간 생산량이 350만 대에 이른 것이다. 동종 업계에서 정상의 자리를 굳건하게 지킨 그들의 성공 요인은 앞선 예측에 있었다.

대부분의 기업이 기계식 선풍기를 생산할 때, 창청은 컴퓨터식 리모컨 선풍기를 시장에 선보였다. 또한 다른 기업이 컴퓨터식 리모컨 선풍기를 대량 생산할 때, 창청은 바람의 세기를 더욱 세분화한 획기적인 신제품을 내놓았다. 당연히 그들의 제품은 시장에서 선풍적인 인기를 끌었다.

창청은 언제나 다른 기업보다 한발 앞서 시장을 예측했기에 성공할 수 있었다. 또한 이는 다른 기업이 시장에서 패배한 중요한 원인이기도 하다.

1988년 가전제품 구매열풍이 일면서 모든 회사의 냉장고가 불티나게 팔려나갔다. 그러나 1990년대 들어서면서 불황으로 인해 제품수요가 부진해졌고 80퍼센트에 달하는 냉장고 생산업체는 곤경에 빠지고 말았다. 전국 73개 생산라인의 3분의 2가 어려움을 겪고, 200만 대의 냉장고가 소리없이 창고에서 썩고 있었던 것이다. 하지만 '181효과'를 톡톡히 누린 메이링의 창고는 텅텅 비었다.

그 당시 지명도도 없고 자금력도 약한데다 냉장고를 생산한 기간이 가장 짧았던 메이링 역시 내리막길에 들어서고 있었다. 그때, 메이링은 철저한 시장조사를 통해 대형 냉동고용 냉장고를 출시했다. 그럭저럭 팔리고 있던 185E 냉장고 생산을 중단하고 중국에서 처음으로 181E 대형 냉동고용 냉장고를 선보였던 것이다. 이 냉장고는 중국 소비자들이 육류와 식품을 주로 냉동고에 보관한다는 수요에 딱 맞아떨어졌다.

181모델과 161모델의 냉장고는 그동안 침체기에 빠져 있던 냉장고 시장에 메이링붐을 일으켰고, 소비자들은 앞다퉈 메이링의 냉장고를 구입했다. 덕분에 메이링은 중국 5대 브랜드의 하나로 자리잡았다. 신제품 개발로 새로운 제품 카테고리를 형성한 메이링이 시장에서 기적을 이뤄낸 현상을 두고 중국에서는 '181효과'라고 부른다.

광동성(廣東省) 순덕현(順德縣)에 있는 진롱 잉크 제조업체는 홍콩과 합자해서 세운 회사로, 포장인쇄에 필요한 각종 고급 잉크를 전문적으로 생산하고 있다. 현재 진롱은 중국 내 50여 개 포장 인쇄 생산라인에 잉크를 공급하는 것은 물론 말레이시아, 대만 등의 국가에 제품을 수출하고 있다.

그러나 진롱의 전신은 소규모 포장 인쇄 회사였다. 그 회사에서 주로 생산했던 제품은 식품용 포장지였는데, 납품회사의 인쇄에 대한 품질요구가 까다로워 매년 30만 달러를 들여 고급 잉크를 수입해 사용했다. 그런데 안타깝게도 잉크 수입이 제때 이루어지지 않으면, 공장의 생산라인을 모두 멈추고 잉크가 수입될 때까지 기다려야만 했다.

그러한 어려움을 기회로 느낀 진롱은 아예 고급 잉크를 개발해 수입제품을 대체하기로 결심했다. 먼저 그들은 시장조사를 실시했다. 그 결과, 포장회사의 발전 속도가 매우 빠르고 진공포장, 가열포장, 액체포장, 냉동포장으로 영역이 확장되어 고급 잉크에 대한 수요가 매우 크다는 것을 알아냈다. 동시에 포장용품은 일회용 소모품인지라 시장이 무한히 넓다는 것도 알게 되었다.

거대한 잠재시장을 예측하고 자신감을 얻은 진롱은 고급 잉크를 개발하기 위한 연구를 거듭했고, 4개월 만에 성공적으로 GD-2형 비닐복합용 잉크와 GD-3형 아닐린 잉크를 생산하게 되었다.

남보다 한발 앞선 예측능력이 새로운 시장을 열 수 있는 기회를 제공한 것이다.

NUMBER

5

순리와 원칙을 지켜라

성공한 사업가들은 대개 비즈니스에 임할 때 신중하게 처신한다. 그들은 비교적 위험 부담이 적은 부동산업, 유통업, 운송업에 투자하기를 좋아하며 고수익, 고위험 업종에는 최대한 발을 들여놓지 않는다. 또한 그들은 일반적으로 사업의 높은 이윤에 동요되지 않는다. '세상에 거저먹을 수 있는 밥은 없다' 는 말처럼 고수익은 높은 위험 부담을 동반한다는 사실을 알고 있기 때문이다.

홍콩 부동산의 큰손 리지아청은 이러한 투자방식을 맹신하는 '신도' 다. 1998년 미국 〈포브스〉지가 발표한 바에 따르면 리지아청은 70억 달러의 재산을 보유한 세계 제일의 화교라고 한다. 그가 부를 축적한 과정은 '성실'과 '신중' 두 단어로 요약할 수 있다.

1948년, 플라스틱 조화를 만들어 큰돈을 번 리지아청은 사업

방향을 부동산 투자로 전환하였다. 당시까지만 해도 사람들은 부동산을 위험 부담이 높은 업종으로 바라보았지만, 리지아청은 자신만의 확고한 생각으로 이렇게 예측했다.

'홍콩은 땅은 좁고 인구밀도는 높아 부동산 시장에서는 항상 수요가 공급보다 많다. 비록 지금은 부동산 가격에 많은 변화가 일어나고 있지만 앞으로 부동산 가치는 꾸준히 상승할 것이다.'

리지아청의 사업 방식에는 독특한 특징이 하나 있다. 그것은 자신이 옳다고 판단한 일은 절대로 포기하는 법이 없다는 점이다.

1966년, 중국 대륙에 문화혁명이 발발했을 때 수많은 유언비어가 떠돌았다. 홍콩의 민심은 흉흉했고 부자들은 부동산을 헐값에 팔아 해외로 떠날 준비를 했다. 그러나 중국 정부가 절대로 무력으로 홍콩을 침략하지는 않을 것이라 확신한 리지아청은 사회적 동요가 일어나든 말든 태연했다. 중국 대외교역의 창구인 홍콩에 혼란을 야기하는 것은 중국 정부도 바라지 않을 것이라고 굳게 믿었던 것이다. 이러한 분석에 따라 리지아청은 자신의 부동산을 팔아치우기는커녕 오히려 대담하게 건물을 사들였다.

1970년, 홍콩 경제는 다시 회복하기 시작했고 더불어 부동산 수요도 급증했다. 이때, 리지아청이 보유한 부동산은 12만 평방미터에서 35만 평방미터로 늘어난 상태였고 단숨에 부호의 대열에 들어서게 되었다.

사실 부동산업에 종사하는 사람은 매우 많다. 그럼에도 불구하고 유독 리지아청만 커다란 성공을 거둔 이유는 무엇일까? 그것은 바로 순리와 원칙에 따라 침착하게 일을 진행한 그의 경영전략에 있다. 홍콩 부동산업에 종사하는 많은 소규모 투자자들은 부동산 가격이 폭등할 때 앞다퉈 건물을 팔아버렸다. 하지만 부동산은 장기적으로 꾸준히 올랐기 때문에 결국 그들은 본전밖에 건지지 못했다.

리지아청은 시장 상황에 따라 일희일비하지 않았다. 그는 장기적으로 부동산 가격이 꾸준히 상승할 것이라고 보았기 때문에 부동산이 폭등할 때도 경솔하게 팔지 않았다. 또한 부동산 가격이 하락할 때는 이전에 모은 재산을 지키며 동요하지 않았다. 그는 단기적인 폭리를 도모하지 않고 점진적인 발전과 장기적인 부의 축적을 추구했던 것이다. 결국 그는 홍콩 최고의 갑부가 되었고, 현재 리지아청이 거느리고 있는 창장그룹의 주식가치는 홍콩 상장기업 총 가치의 3분의 1을 차지한다.

"돈을 적게 벌더라도 되도록 위험 부담을 최소화해야 한다."

유명한 선박왕 바오왕강이 즐겨 하던 말이다. 그는 장기 임대계약을 선호했고 투기성 투자를 하지 않았으며 계약규정을 엄격하게 준수했다. 바로 이것이 세계적인 선박왕이 태어난 비결이다.

NUMBER

타깃 마케팅은 여전히 유효하다

BMW가 부의 상징처럼 여겨지고 폭스바겐이 서민차로 알려진 이유는 특정계층은 특별한 소비습관을 갖기 때문이다. 따라서 커다란 수익을 기대한다면 특정계층의 수요에 맞춰 제품 및 서비스를 제공해야 한다. 즉, 사업을 할 때는 철저하게 고객의 입맛에 맞춰야 하는 것이다. 예를 들어 직장인이 밀집한 지역의 술집에서는 고급제품이 잘 팔리지 않는다. 반면, 부자들이 밀집한 지역의 음식점에서는 가정식 메뉴가 팔리지 않는다.

특정수요에 초점을 맞춘 타깃 마케팅으로 유명한 제품 가운데 하나가 고품격을 지향하는 파커 만년필이다.

파커 만년필은 심플하지만 품격있는 제품으로 세계 만년필 업계에서 줄곧 선두를 유지해왔다. 고가이긴 했지만 사회적 신분을 상징하는 물건으로 자리잡으면서 1980년대에 이미 154개국에서 판매되었던 것이다.

파커 사의 성공요인은 뛰어난 상품 포지션 전략에 있다. 파커 사는 초기 판매대상을 사회 고위계층으로 국한했고, 광고도 이러한 판매전략에 따라 이루어졌다. 1943년, 제2차 세계대전이 한창일 때 파커는 동맹군 총사령관 아이젠하워에게 파커 만년필을 선물했는데, 그 펜에는 4성 장군의 지위를 상징하는 순금 별 네 개가 박혀 있었다. 또한 1962년에 미국인 우주비행사가 최초로 우주여행에 성공하자, 펜 위에 '미국인이 우주에 발을 들여놓다'라는 글자를 새긴 파커펜을 선물했다.

그뿐 아니라 1972년 중미관계가 새로운 국면을 맞이하자 파커 사는 닉슨 대통령이 마오쩌둥에게 선물할 펜을 제작했고, 1987년 레이건과 고르바초프가 정상회담에서 서명할 때 사용한 펜도 파커였다.

이러한 홍보전략을 통해 파커펜의 고품격 이미지는 굳게 다져졌고, 파커 사의 상류층을 겨냥한 사업전략은 성공을 거두었다. 그러나 파커 사의 눈부신 발전은 신임 CEO 피터의 취임과 동시에 막을 내리게 되었다.

피터는 파커 사의 금 만년필이 국제시장에서 명품으로 인정받아 이윤은 높지만, 회사 규모가 이를 따라가지 못한다고 판단했다. 그는 그 주된 원인이 높은 판매가격에 있다고 보고 저가만년필 시장을 공략해야 한다는 결정을 내렸다. 그러한 결정에 따라 그는 1,500만 달러를 투자하여 공장 전체를 자동화했고 3달러 이

하짜리 만년필을 생산했다. 고품격 이미지를 지향하던 전략에서 벗어나 일반 소비자들을 대상으로 한 만년필을 생산했던 것이다. 그러나 결과적으로 그의 판매전략은 실패했고 파커 사에 만회하지 못할 손실을 입혔다.

과거에 파커펜을 사용하던 소비자들은 더 이상 파커가 고품격, 명품을 상징하지 못한다고 여겨 파커펜을 구입하지 않았다. 더불어 저가품도 소비자에게 그리 인기를 끌지 못했다. 일반 소비자들은 만년필보다는 샤프나 볼펜같은 필기구를 더 선호했던 것이다. 결국 파커 사의 이미지는 큰 타격을 입었고, 경쟁사들은 필기구 시장에 생긴 틈을 노려 파커 사의 거점을 무너뜨리고 말았다.

제품의 소비계층이 고정된 상태에서 소비계층을 변화시키는 전략을 추진하면 상품의 명성을 떨어뜨리는 결과를 초래할 수 있다. 기존 소비계층은 자신의 입맛에 맞는 상품을 찾아 언제든지 등을 돌릴 수 있기 때문이다. 이는 곧 특정계층의 수요를 만족시켜줄 제품을 생산하면 좋은 기회를 얻을 수 있음을 의미한다.

특정계층을 타깃으로 한 대표적인 사업 가운데 하나가 결혼전문업체다.

결혼을 앞둔 젊은 사람들은 인생에서 가장 아름다운 순간을 의미있게 보내기 위해 아낌없이 돈을 투자한다. 분명 일회성 이벤트이긴 하지만 부부가 될 두 사람이 기쁨을 누릴 수만 있다면 가격을 염두에 두지 않는 것이다. 그렇기 때문에 일반적으로 예식과 관련된 상품은 가격이 비싼 편이다.

고객을 세분화하여 특정계층을 염두에 두고 틈새시장을 찾아 보면 의외로 기회가 많다는 것을 알 수 있다. 특히 바쁜 현대인들이 쉽고 편리하게 이용할 수 있는 서비스를 제공한다면 시간에 쫓기는 이들로부터 커다란 호응을 얻을 수 있을 것이다.

시대를 이끌지 못하면, 시장에서 버림받는다

왕안컴퓨터와 쥐런은 화려한 전성기를 누리다가 갑자기 쇠퇴의 길을 걷게 된 대표적 사례다. 이들은 마치 꽃이 활짝 피었다가 곧바로 시들어버리는 것처럼 순식간에 시장에서 버림을 받고 말았다.

왕안컴퓨터는 왕안(王安)박사가 1951년에 설립한 회사로 컴퓨터 키보드, 프린터, 문서처리 프로그램 등을 전문적으로 생산했다. 1960년대 초반에는 세계 시장에서 문서처리 프로그램을 독점하다시피 했고 1만 2,000명의 직원에 5억 4,000만 달러의 수익을 올리는 쾌거를 이룩했다. 덕분에 이들은 세계의 이목을 집중시켰고, 미국에서는 왕안컴퓨터가 IBM을 무너뜨릴지도 모른다는 우려의 목소리가 나오기도 했다.

그러나 눈부신 발전은 오래가지 못했고, 왕안컴퓨터는 발전했던 속도보다 더 빠르게 쇠퇴의 길로 접어들었다. 1985년 IBM에서 생산한 PC가 상용화되면서 왕안컴퓨터는 점점 궁지에 몰리기 시작했다. IBM에서 생산한 PC의 성능은 왕안컴퓨터를 능가했고 생산 비용 또한 저렴했다.

여기에 때마침 전 세계적으로 컴퓨터 산업이 불경기를 맞고 말았다. 왕안컴퓨터는 창립 후 처음으로 적자를 보았지만, 그 다음 해 연말 총결산에서 약간의 이익을 남겼다는 것에 위로를 삼고 사전경보와 같던 조짐을 등한시했다. 왕안컴퓨터는 컴퓨터 산업의 불황을 일시적인 현상으로 보고, 얼마 후 다시 회복하리라 여겼던 것이다. 물론 그 판단은 옳았지만 컴퓨터 기술의 발전에 대한 인식에는 커다란 오류가 있었다. 왕안컴퓨터는 컴퓨터계에 더 이상의 발전 가능성은 없다고 오판했고, 더불어 새로운 영역에 투자하여 시장을 개척하려는 자세를 보이지 않았다. 오히려 이미 구식이 되어버린 제품을 계속 생산했고, 판매부진으로 엄청난 재고가 쌓이게 되었다.

1988년과 1989년 두 해 동안 왕안이 발표한 적자 규모는 사람들에게 커다란 충격을 주었다. 총 적자가 4억 2,430억 달러나 되었던 것이다. 왕안컴퓨터의 직원은 한때 3만 2,000명에 이르렀으나 1989년에 이미 3분의 1가량을 해고했고, 기사회생을 위해 6억 달러를 쏟아부었음에도 불구하고 결국 파산을 신청하고 말았다.

왕안컴퓨터의 실패 원인은 크게 두 가지로 짚어볼 수 있다.

첫째, 내부적으로 인재관리를 등한시했다. 능력에 따라 직원을 채용하기보다 인맥을 통해 직원을 채용했던 것이다. 특히 왕안이 경영수완이 부족하고 자만심에 빠져 있던 아들을 중용한 것은 다른 임원들에게 커다란 실망감을 안겨주었다. 그로 인해 왕안의 신임을 받던 두 명의 임원이 잇달아 회사를 떠났고, 그들의 사퇴는 내부적으로 큰 반향을 불러일으켰다. 직원들의 존경을 받던 두 사람이 떠나면서 경험이 풍부한 직원들마저 속속 회사를 떠나버렸던 것이다.

그렇게 인재관리에 구멍이 뚫리면서 왕안은 대내외적으로 막다른 골목에 몰리게 되었고, 결국 능력이 부족한 아들을 해고할 수밖에 없었다. 그러나 때는 이미 늦었다. 왕안은 아들에게 가업을 물려주어야 한다는 유교적 전통에 얽매여 과학기술 분야에 있어 무엇보다 인재관리가 중요하다는 점을 소홀히 했던 것이다.

둘째, 외부적으로 빠른 시장변화에 대처하지 못했다. 왕안컴퓨터가 빠르게 발전할 수 있었던 것은 시대 발전 상황과 왕안컴퓨터의 경영 방향이 일치했기 때문이다. 그 후, 개인 PC가 시장의 주력 판매상품이 되면서 신흥회사들은 앞다퉈 기회를 잡으려 애썼지만, 왕안컴퓨터는 시대의 변화를 무시했다. 그들은 일부 고객, 특히 금융 부문의 고객만을 염두에 두고 그들을 위한 최고의 상품을 개발하는 데 역점을 두었다. 그러나 그것은 날로 확대되고 있는 PC시장의 가능성을 너무 간과한 처사였다.

당시 IBM은 왕안컴퓨터의 거대한 위협에 대비해 다른 발전방향을 모색 중이었다. 그들이 새롭게 개발한 PC는 애플 사 상품을 제외하고 모든 회사의 상품과 호환이 가능했던 것이다. 그러한 변화로 IBM은 고객들에게 지속적인 사랑을 받았고 고객들은 앞다퉈 IBM 제품을 구매했다. 덕분에 컴퓨터 시장은 갈수록 넓어졌고 점점 대중화의 움직임이 나타났다. 그러나 왕안컴퓨터는 자신들의 폐쇄적인 소프트웨어와 하드웨어에 도취되어 변화를 거부했다.

1982년 경쟁사에서 정보 처리와 데이터 처리가 동시에 가능한 PC를 개발했을 때조차 왕안컴퓨터는 너무나 우유부단했다. 생사의 기로에 서 있는 상태에서도 신제품 개발을 미뤄두고 오로지 문자처리 프로그램과 대형 컴퓨터 등 구식제품을 생산하는 데 집착했다. 이미 소형 PC가 확산되고 있음에도 불구하고 그것을 외면했던 것이다. 결국 그들은 시장에서 버림을 받고 말았다.

시장 변화를 읽지 못하면 시장의 버림을 받는다. 과거에는 컴퓨터 시장의 제품 업그레이드 주기가 18개월이었지만, 지금은 2~3개월마다 업그레이드된 신제품이 출시되고 있다. 이러한 주기를 따라가지 못하면 기업은 실패하게 된다. 더욱이 첨단을 걷는 컴퓨터 산업에서 한 번의 실패는 영원한 퇴출을 의미한다.

NUMBER

소비심리 변화에 따른 전략을 세워라

시장에서의 경쟁이 치열할 때, 기업이 가장 뿌리치기 힘든 유혹이 바로 가격을 내리는 것이다. 가격을 내리면 어찌 되었든 판매량은 늘기 때문이다. 하지만 그것은 일시적인 효과일 뿐이고 단순한 가격경쟁에서 최후의 승자는 없다. 고객들은 가격인하와 상관없이 자신들의 수요를 만족시켜 주는 물건을 구매하기 때문이다.

한때 중국의 컬러TV 시장에 가격경쟁 열풍이 일었다. 기업들이 시장점유율을 높이기 위해 경쟁적으로 가격을 내렸던 것이다. 그러나 가격하락이 시장을 자극하는 데는 한계가 있었고, 오히려 가격경쟁에 휘말리지 않았던 하이얼의 실적이 더 높게 나타났다.

왜 이런 결과가 나타났던 것일까? 시장을 분석해보면 그 원리를 금방 알 수 있다.

풍족한 생활을 누리는 현대인들은 대부분 컬러TV를 소유하고 있기 때문에 가격 차이에 대해서는 그다지 신경쓰지 않는다. 그들은 컬러TV의 품질과 자신의 수요욕구를 만족시킬 수 있는지에 더 많은 관심을 기울인다. 그렇기 때문에 전략적인 측면에서 가격하락이 가져다주는 단기적인 효과를 맹신한 기업들이 앞다퉈 가격을 낮게 책정했지만, 기대했던 것만큼 컬러TV 수요는 크게 늘지 않았다. 오히려 컬러TV의 성능과 품질에 주력한 하이얼의 제품은 가격인하를 하지 않았음에도 소비자들의 높은 호응을 얻었다.

소비자들의 소득수준이 낮을 때는 가격전략이 어느 정도 효과를 발휘한다. 그러나 일단 소득이 높아지면 소비자들은 가격보다 품질을 우선시한다. 그렇기 때문에 일단 시장이 성숙단계를 지나면 가격보다는 품질로 승부를 걸어야 한다. 특히 소비자가 기대하는 품질은 개개인의 개성에 따라 천차만별로 나타나므로 기업은 소비심리 변화를 예의주시해야 한다.

기업은 고객의 수요욕구를 고려해야만 시장에서 살아남을 수 있다. 이것을 무시하고 상품을 시장에 내놓으면 판매부진의 늪에서 헤어나기 어렵다.

미국 포드 사는 고객의 수요를 무시한 판매전략으로 장장 20년이라는 긴 시간을 배회해야만 했다.

포드 사가 1908년에 개발한 '포드 T'는 선진기술의 결정체라고 해도 과언이 아닐 만큼 품질이 우수했다. 그것으로 인해 자동차 생산기술은 한 단계 업그레이드되었고, 자동차 산업에 규모의 경영 개념이 도입되었다. 더욱이 합리적인 가격을 내세운 '포드 T'

는 순식간에 자동차 시장을 독점했고 수요량은 계속 늘었다.

그런데 제1차 세계대전이 끝나면서 미국 사회에 커다란 변화가 일어났다. 전쟁 특수로 경제번영을 누리게 되면서 소비자들의 취향이 갈수록 고급화, 세분화되었던 것이다. 당시 GM은 20퍼센트였던 시장점유율을 더 늘리기 위해 안간힘을 썼지만, 경쟁사인 포드사의 '포드 T'는 어디 하나 흠잡을 데가 없었다. 그때, 소비심리의 변화를 알아챈 GM은 제품의 종류와 차종을 늘려 각계각층의 소비자들이 자신들이 좋아하는 자동차를 선택할 수 있게 했다. 취향이 달라진 소비자들의 수요를 만족시키기 위해 GM은 시보레에 이어 뷰익, 올즈모빌, 캐딜락을 잇달아 출시했던 것이다.

하지만 포드 사는 시장 변화에 아무런 대응도 하지 않고 계속 기존 모델을 생산했다. 고객들의 살림이 나아졌다는 것을 무시한 채, 고객이 자동차를 구매할 때 가장 먼저 생각하는 것은 자신들의 주머니 사정이라고 굳게 믿었던 것이다. 그리하여 포드 사는 자동차설계를 개선해 '포드 T'의 가격을 내리는 데 전력을 다했다. 심지어 제조비용을 줄이기 위해 나사 하나를 줄이는 것까지도 심혈을 기울였다. 그러나 고객들은 포드 사의 이러한 노력을 알아주기는커녕 관심조차 보이지 않았다.

한편, GM 사는 2, 3년마다 자동차 모델에 변화를 주었고 여기에 할부판매제도까지 도입했다. 그러나 포드 사는 할부판매는 기업가가 할 수 있는 행동이 아니라고 판단했다. 포드 사 입장에서 볼 때, 할부판매를 하려면 생산비용을 증가시켜야 하고 그것은 곧

시장점유율의 축소를 의미했기 때문이다.

더욱이 그 당시 포드는 편집증에 사로잡혔다는 말이 나올 정도로 자신의 경영이념과 충돌하는 어떠한 생각도 용납하지 않았기 때문에 임원들마저 그를 두려워하고 있던 터였다.

"나는 평생 사용할 수 있는 자동차를 만들고 싶습니다. 우리가 만든 제품을 구입한 고객이 평생 그 차만을 사용하길 희망합니다. 우리는 기존의 모델을 폐기하고 새로운 모델을 도입하는 것을 원치 않습니다."

그러나 포드의 이런 정책이 낳은 결과는 지속적인 판매량 하락이었다. 1936년 미국의 3대 자동차 회사, 즉 포드, GM, 크라이슬러 중에서 포드 사의 판매량은 3위로 추락하고 말았다.

포드 사의 실패는 변화된 소비심리에 적절히 대응하지 못해 얻은 결과다. 미국의 자동차는 1920년대에 이르러 중산층 이상이 쓰던 사치품에서 누구나 살 수 있는 제품으로 바뀌었다. 이와 더불어 자동차에 대한 수요는 교통수단을 구매한다는 의미에서 개성 표현의 수단으로 확대되었다. 심지어 어떤 사람은 "자동차는 제2의 집"이라고 말하기도 했다. 그렇게 소비자들은 자신의 개성에 맞는 자동차를 원했지만, 포드 사는 획일적인 차 모델을 고집하며 소비성향 변화에 부합하지 못했던 것이다. 그러니 그들이 시장에서 실패하는 것은 당연한 결과였다.

결국 GM은 포드가 누려온 거물의 위치를 단번에 빼앗았고, 지금도 여전히 세계 최대 자동차 회사로 군림하고 있다.

NUMBER 9

송곳같이 정확하게 포지셔닝하라

1802년에 설립된 듀폰 사는 세계에서 가장 큰 화공기업으로 한 세기 동안 화약을 제조해왔다. 후에 듀폰 사는 화학제조품을 생산했는데, 이 회사가 일반회사와 다른 점은 상품개발에 중점을 두면서도 기초과학 연구에도 힘썼다는 것이다. 이들이 개발한 가장 대표적인 상품은 '나일론'으로 그것은 듀폰 사뿐 아니라 전 세계가 발전하는 데 큰 기여를 했다.

나일론을 성공적으로 출시한 듀폰 사는 거기에 머물지 않고 인조피혁을 개발하기 위해 인적·물적 자원을 아낌없이 투자했다. 마침내 1950년에 이르러 인조피혁을 개발해냈지만, 안타깝게도 그것은 시장에서 큰 호응을 얻지 못했고 오히려 적자의 늪에서 허덕이게 되었다.

천연피혁의 대체품으로 개발된 인조피혁은 소가죽을 대신하여 구두를 만드는 데 사용되었다. 더욱이 인조피혁은 통기성, 유연성, 불변성, 가벼움 등 기능면에서 소가죽보다 우수했기에 듀폰 사는 신제품에 대해 자신감을 갖고, 인조피혁이 나일론과 함께 세계적인 상품으로 자리잡을 것이라 기대했다.

1963년 10월, 마침내 인조피혁으로 만든 구두가 '미국 가죽신발 전시회'에서 정식으로 선을 보였다. 그리고 1964년 1월 처음으로 인조피혁을 홍보하는 광고가 미국 20여 개 주요 신문에 동시에 게재되었다. 같은 해 2월 ABC방송국의 '듀폰 주말 특별방송'이라는 프로에서도 인조피혁에 대해 대대적으로 소개했다.

인조가죽에 대해 자신감이 넘쳤던 듀폰 사는 인조가죽 구두를 상위계층에 포지셔닝했고, 고품질의 세련된 품격을 구축하고자 했다. '천연가죽을 시장에서 몰아내는 것'이 듀폰 사가 정한 장기적인 경영목표였다.

듀폰 사가 이토록 자신감에 넘쳤던 이유는 몇 번에 걸친 시장조사에서 좋은 결과가 나왔기 때문이다. 그러나 현실과 조사결과는 거리가 있었고, 얼마 지나지 않아 듀폰 사는 인조가죽 구두 때문에 골머리를 앓게 되었다.

우선, 가죽신발 제조업체들이 듀폰 사의 경영전략에 강력하게 반발했다. 미국의 피혁무역협회는 인조가죽 구두와 경쟁하기 위해 시장광고량을 두 배로 늘렸다. 특히 그들은 듀폰 사가 고가품에 포지셔닝하려는 것을 빌미 삼아 이렇게 비판했다.

"사람들은 가죽을 좋아한다. 듀폰 사는 사람들의 이러한 심리를 이용해 모조품을 만들어 소비자를 기만하려 한다.”

이러한 비판의 저변에는 '인조가죽은 천연가죽을 대체하기 위한 싸구려 화학제조품'일 뿐이라는 점을 강조하려는 의도가 깔려 있었다. 듀폰 사의 인조피혁이 고급가죽 구두의 생존을 위협하고 있었기 때문이다. 물론 고급구두 제조업체들은 만만한 상대가 아니었다. 그들은 구두제조에 종사해온 역사도 길었고, 자본력도 있었기 때문에 거대기업인 듀폰 사를 두려워할 이유가 없었다. 이들은 자신의 이익을 옹호하기 위해 힘을 모아 듀폰 사를 상대로 도전장을 내밀었다. 신상품이 출시된 후, 듀폰 사는 시작부터 이런 협공을 받게 되리라고는 꿈에도 생각지 못했다.

또한 듀폰 사는 자신들이 만든 제품을 지나치게 과신했다. 덕분에 인조가죽 구두의 포지션을 고가품으로 정하는 실수를 범하고 말았다. 그들이 인조가죽을 출시하기 전, 중저가 가죽구두의 시장점유율은 80퍼센트에 이르렀고 고급가죽 구두의 시장점유율은 겨우 5퍼센트에 지나지 않았다. 그런데 인조가죽 구두의 가격은 너무 비쌌고 결국 중·저소득층으로부터 외면을 당하고 말았다. 더욱이 신발제조회사 사장들은 천연가죽보다 인조가죽의 가격이 더 비싸 고객들은 감히 살 생각도 하지 못할 것이라고 판단했다. 당연히 그들은 듀폰 사 상품에 시큰둥한 반응을 보였다.

이러한 취약점 때문에 듀폰 사의 신제품은 소가죽을 대체하지 못하고 오히려 곤경에 빠지고 말았다. 이때, 듀폰 사가 위기의 전조를 눈치챘더라면 자신의 전략을 재고하고 위기를 피할 수 있었을 것이다. 그러나 듀폰 사는 자신들의 상품을 과신했기 때문에 포지션을 수정할 수 있는 기회마저 놓치고 말았다. 결국 인조가죽 생산은 중단될 수밖에 없었다.

그런데 아이러니하게도 미국 시장에서 실패한 듀폰의 인조가죽은 동유럽 폴란드에서 커다란 인기를 끌었다. 폴란드의 한 기업에서 인조가죽을 이용해 저렴한 구두를 대량으로 생산했고, 그것은 시장에서 불티나게 팔려나갔다. 폴란드 상인들은 듀폰 사의 실패를 거울삼아 상품 포지션을 고가에서 저가로 낮춰 시장을 개척하는 데 성공했던 것이다.

2장

결정적인 순간에,

남과 다른 관점에서

생각하기

적절한 시기에 사업을 확장하라

시장은 늘 진화를 거듭하기 때문에 구태의연한 태도를 보이거나 과거에 얽매이면 도태되기 십상이다. 홍콩 화다투자회사 회장인 리샤오화는 동종 업계 인사들로부터 '신(神)'이라는 찬사를 받을 정도로 시장변화에 유연하게 대처하는 인물로 유명하다. 그는 늘 유연한 경영방침으로 경쟁력을 높여 엄청난 수익을 올리는 사업수완을 발휘해온 것이다.

리샤오화는 전 재산 4,000위안을 털어 슬러시 기계를 구입한 후, 베이징 근처의 유명한 피서지 베이다이허로 갔다. 그곳에서 친구와 함께 슬러시 가게를 열기로 한 것이다. 여름이 되자, 뜨거운 햇살 아래 오랫동안 걸어다녀 더위와 피로에 지친 여행객들은 시원한 슬러시에 열광했다. 여름 한철 장사로 리샤오화는 그야말로 떼돈을 벌었다. 하지만 그의 머릿속에는 또 다른 아이디어가 번뜩이고 있었다.

'내년에는 올해만큼 짭짤하지는 못할 거야.'

두뇌 회전이 빠른 사람은 상황변화에 민감하게 대처할 줄 아는 법이다. 리샤오화는 즉시 슬러시 기계를 팔아버리고 독창적인 사업을 개척해보기로 결심했다. 그런데 그가 기계를 팔아버렸다는 소식을 들은 친구가 한달음에 달려와 책망했다.

"아니, 그것은 돈을 찍어내는 기계였잖아. 어쩌자고 그런 바보 같은 짓을 했어."

그러나 현실은 그의 선견지명이 옳았음을 증명해주었다. 다음 해 여름, 베이다이허 해변에는 슬러시 기계로 넘쳐났다. 장사가 된다 싶으니까 너도나도 뛰어들어 치열한 경쟁이 벌어졌던 것이다.

리샤오화의 사업철학은 '임기응변'과 '과감한 결단력'으로 요약할 수 있다. 그가 쉴새없이 돈을 벌어들이는 이유도 바로 여기에 있다. 그는 시장에 틈새가 보이면 곧바로 파고들어가 가장 큰 이윤을 남긴 후 적당한 때를 보아 사업에서 발을 빼 다른 시장을 개척했다.

첫 사업으로 제법 돈을 모은 리샤오화는 중국 경제가 날로 발전함에 따라 사람들이 물질을 넘어서서 정신적인 만족을 추구한다는 사실을 깨달았다. 그러나 국가의 문화정책은 상대적으로 낙후되어 있어 빠르게 변화하는 소비자의 소비성향을 따라잡지 못하고 있었다. 바로 그곳에서 그는 시장을 보았다.

인위적으로라도 정신적 만족을 누릴 수 있는 환경을 만든다면 자신의 이윤창출은 물론 사람들로 하여금 여가시간을 알차게 보낼 수 있도록 해줄 거라고 생각했던 것이다. 리샤오화는 당시의 영화와 TV가 사람들의 다양한 문화욕구를 만족시키지 못한다고 보고, 영사기와 대형 스크린을 한 대씩 구입했다. 그런 다음, 친황다오(중국 하북성 베이다이허가 위치한 도시)에서 다른 사업자와 협력해 영화를 방영했다. 그의 예감은 적중했다. 사람들은 영화를 보기 위해 스크린 앞에 꾸역꾸역 모여들었고, 표가 한 장에 10위안이나 되었지만 돈이 아깝다고 생각하는 사람은 아무도 없었다.

사업은 순조롭게 풀려나갔고, 몇 년 지나지 않아 그는 북경 사업가들 사이에 유명인사가 되었다. 대부분의 중국인들이 명품에 대한 개념이 부족하던 시절에 그는 신형 벤츠280을 타며 부를 과시했던 것이다. 그렇다고 그가 명성만을 추구했던 것은 아니다. 세계를 무대로 자신의 꿈을 펼치기 위해 원대한 사업을 구상하던 그는 마침내 홍콩에 화다투자회사를 세워, 부동산 시장에서 다시 한 번 사업수완을 발휘했다.

그의 성공비결은 '시장을 분석하는 통찰력' 과 '시장의 빠른 변화에 적절히 대처하는 능력' 에 있다. 덕분에 그는 한 치 앞을 내다보기 힘든 비즈니스계에서 커다란 성공을 거두었다. 시장변화에 적절히 대처하려면 의사결정에 앞서 시장에 대한 정확한 분석과 예측이 선행되어야 한다. 또한 근시안적인 안목과 현재의 돈벌이에 안주하려는 태도를 가장 금기시해야 한다.

현재에 안주해 다른 시장을 개척하지 않는 것은 매우 위험하다.

세상에 마르지 않는 물줄기는 없다. 사업 역시 언제나 번창할 수 만은 없으므로 적절한 시기에 사업의 방향을 바꿔 여러 분야로 확 장해야 한다.

기회는 도처에 널려 있다

우리는 흔히 장점을 더욱 살리려 하기보다 어떻게 해서든 단점을 없애기 위해 애쓴다. 이것은 사업가들도 마찬가지다. 성공을 거둔 많은 사업가들이 현재 잘나가고 있는 업종에 시선을 두지 않고, 모든 수단과 방법을 동원하여 냉대받는 업종에서 기회를 찾으려 노력한다.

일본의 사탕 시장은 오랫동안 A사가 독점적 지위를 누려왔다. 그처럼 A사의 시장 지위가 확고한 상황에서 1991년에 규모가 작은 B사가 단번에 시장점유율을 30퍼센트 가까이 차지하는 파란을 일으켰다. 경제계에 일대 센세이션을 일으킨 B사는 어떻게 성공을 거둔 것일까?

우선 B사는 핵심 인재들로 구성된 팀을 가동하여 광범위하게 관련 자료를 수집한 후, 경쟁사인 A사의 생산 및 판매에서 나타나는 장단점을 집중적으로 연구했다. 얼마 지나지 않아 그들은 A사 사탕의 몇 가지 문제점을 발견하게 되었다. 그들이 찾아낸 A사 제품의 문제점은 다음과 같다.

첫째, 판매대상이 어린이로 국한되어 있다. 성인들을 위한 판매 전략이 부족하다.

둘째, 맛이 획일적이다. 과일 맛 한 가지밖에 없다.

셋째, 사탕의 모양이 단조롭다.

넷째, 가격이 하나에 110엔으로 고객들이 잔돈을 내기가 불편하다.

A사의 단점을 발견한 B사는 소비자의 가려운 부분을 긁어줄 수 있는 신제품을 개발해냈다. 일단 피로회복과 정신을 맑게 해주는 자양강장용 사탕, 입 안을 상쾌하게 하고 입 냄새를 제거하는 교제용 사탕, 체력을 향상시켜주는 운동용 사탕, 우울한 기분을 전환하고 마음을 편안하게 해주는 사탕 등 종류를 다양화했다. 여기에 모양도 카드, 공, 동물 등 여러 가지 형태로 개발했고, 가격도 소비자의 입장에 서서 50엔과 100엔으로 통일했다. 또한 쉽게 먹을 수 있도록 새로운 포장법을 개발해 한 손으로도 벗겨서 먹을 수 있게 했다.

그뿐 아니라 대대적인 광고전략을 펼쳐 B사의 사탕 시장점유율은 단번에 치솟았고 매출액 150억 엔이라는 신기록을 세웠다. B사 창업자는 그 성공비결을 이렇게 밝히고 있다.

"포화상태에 이른 시장일지라도 틈새는 있게 마련이다. 시장은 계속 변화하고 기회는 도처에 널려 있다."

1960년대, 미국의 음료시장은 양대 콜라회사가 점유하고 있다고 해도 과언이 아니었다. 그렇다면 1968년에 새롭게 선보인 세븐업은 어떻게 이러한 독점구도를 무너뜨리고 시장진출에 성공할수 있었을까?

당시 미국인들은 콜라 맛에 길들여져 콜라가 가장 음료다운 음료라는 고정관념에 사로잡혀 있었다. 그때 세븐업은 과감하게 '비 콜라 포지셔닝'을 선언했다. 기존의 논리와 사고방식을 타파하는 전략을 구사한 것이다. 미국 광고업계로부터 '재치가 번뜩이는 광고문구'라는 칭송을 받은 '비 콜라'라는 말은 세븐업을 치열한 경쟁이 벌어지고 있는 '콜라 존(ZONE)'으로부터 벗어나게 해주었다. 더욱이 세븐업의 참신한 맛과 새로운 사고방식은 많은 소비자들의 인기를 끌었고 1년 만에 소비량은 15퍼센트로 상승했다.

세븐업이 음료시장을 콜라와 비 콜라로 양극화하고, 세븐업을 비 콜라 상품으로 포지셔닝한 것이 주효했던 것이다. 덕분에 세븐업은 기존의 양대 콜라회사와 완전히 분리되었고, 세븐업과 양대 콜라회사는 다른 포지션에 위치하고 있다는 이미지를 심어주었다. 이러한 전략은 소비자에게 강한 인상을 남기는 것은 물론, 치열한 경쟁을 피하고 비 콜라 시장에서의 지위를 확고히 할 수 있다는 점에서 아주 효과적이었다.

필리핀의 한 음식점은 지리적 조건은 열악하지만 음식점 주인의 기발한 아이디어 덕분에 장사가 잘되고 있다. 처음에 이 음식점은 지리적으로 중심가와 떨어져 있고, 교통도 불편해 찾아오는 손님이 매우 적었다. 심지어 주변 사람들이 아예 문을 닫고 다른 사업을 해보라고 권할 정도로 장사가 안 되었다.

고민에 고민을 거듭하던 주인은 일단 다른 음식점의 경영상황을 돌아본 후에 결정을 내려야겠다는 결심을 하고, 고객의 입장이 되어 여러 음식점을 찾아다녔다. 주로 번화가에 위치한 음식점을 찾아다닌 그는 한 가지 공통점을 발견하였다. 지리적 조건이 좋은 음식점은 장사는 잘되었지만 너나할 것 없이 시끄러웠고, 조용한 분위기를 선호하는 고객들이 눈살을 찌푸리며 서둘러 자리를 뜨는 것을 여러 번 목격했던 것이다.

그때, 그는 '조용하면서도 품격 높은 음식점을 찾는 고객들을 타깃으로 해보자'는 아이디어를 떠올렸다. 그는 즉시 음식점의 인테리어를 우아하고 고풍스럽게 개조했다. 색상은 흰색과 녹색 두 가지 컬러만 사용하여 고급스런 분위기를 연출했다. 또한 술은 유럽 중세시대의 술통에 담았고 인도에서 구입한 전차를 이용해 손님에게 음식을 날라주었다.

그렇게 우아한 분위기 속에서 은은한 음악을 틀어주고 고품격 서비스를 제공하자 기적이 일어났다. 소음 때문에 짜증스러워하던 고객들이 조용한 음식점이 생겼다는 소문을 듣고 하나둘 그 음식점을 찾기 시작했던 것이다. 입소문은 빠르게 퍼져나갔고 결국 그 사장은 큰 성공을 거두었다.

$$3$$

NUMBER

독특한 방법으로 고객의 관심을 끌어라

일반적으로 기업은 자사제품에 대한 좋지 않은 평가를 두려워하기 때문에 다양한 매체를 동원하여 제품의 우수성을 선전한다. 하지만 너도나도 좋다고 선전을 하는 통에 소비자들은 오히려 우수성을 자랑하는 제품을 불신하는 경향이 있다. 그러므로 때론 솔직하게 결점을 드러내는 것이 더 눈에 띄고 소비자들의 신뢰를 이끌어내기도 한다.

일본의 한 시계회사에서 특별히 심혈을 기울여 손목시계를 출시했다. 그 회사는 대대적으로 광고를 했지만, 그다지 효과가 없었다. 고심 끝에 스스로를 솔직하게 드러내는 광고를 싣기로 했다.

"이 손목시계는 정확하지 않습니다. 24시간 중 2초가 느립니다. 구매하실 때 신중하게 결정하세요."

그 회사는 결점을 드러냄으로써 장점을 홍보하는 전략을 채택한 것이다. 그 광고는 예상대로 고객들의 관심을 끌었고 새로운 판로를 개척해 성공을 거두었다.

　1988년 4월 27일, 미국의 알로하항공 소속 보잉 737기가 이륙한 지 얼마 지나지 않아 '빵' 하는 소리가 들려왔다. 비행기 앞 조종석 부분에 직경 6미터의 구멍이 뚫려 스튜어디스 한 명이 기체 밖으로 밀려나가는 사고가 발생했던 것이다. 조종사들은 서둘러 비행기를 근처 공항에 착륙시켰다.

　이 사고에서 불행하게 기체 밖으로 떨어진 스튜어디스를 제외하고는 89명의 승객과 항공사 직원 모두가 무사했다. 충격에 휩싸였던 사람들은 안도의 한숨을 내쉬었고, 보잉 사 조사원들은 곧바로 현장으로 투입되어 사고에 대한 원인을 심층적으로 조사했다. 다른 한편으로 보잉 사는 방송국과 라디오, 신문, 잡지 등의 언론 매체를 통해 비행기사고를 대서특필했다.

　"이번에 기체결함을 일으킨 보잉 737기는 20년 이상 운행하고 9만 번 이상 이착륙한 낡은 비행기였습니다. 규정에 따라 이 비행기는 이미 운행을 중단했어야 합니다. 비행기가 너무 낡아 금속이 마모되어 사고가 일어난 것입니다. 하지만 오래된 보잉 737기는 승객의 안전을 확실히 지켜주었습니다. 승객 가운데 부상자가 단한 명도 없었다는 것이 이를 증명합니다. 이것은 과연 어떤 의미일까요? 사고를 통해 보잉 사의 비행기 품질이 믿을 만하다는 사실이 입증된 것이나 마찬가지입니다."

보잉 사는 돌발사고에 의연히 대처했고 항공사고의 원인을 철저히 조사했다. 덕분에 사고를 크게 보도했음에도 불구하고 보잉 사의 이미지가 손상되기는커녕 오히려 전화위복의 기회가 되었다. 실제로 사고가 난 후에 보잉 사의 주문량은 배로 증가했다.

작은 이익에 눈이 멀어 큰 성공을 잃지 마라

비즈니스 협상에서 '포전인옥(抛磚引玉; 상대에게 벽돌을 던져 옥돌을 얻어내다)'은 상대에게 미끼를 주어 맛보게 하면 자신은 더 큰 이익을 얻는다는 뜻이다. 여기서 '벽돌'을 던진다는 것은 계획의 수단으로, '옥돌'을 얻는다는 것은 계획의 목적으로 비유될 수 있다.

국가간의 수출입관계는 물론 기업간의 비즈니스 협상에서도 판매하는 쪽은 높은 가격을 책정하려 하고, 구매하는 쪽은 낮은 가격으로 구입하길 원하기 때문에 늘 의견이 부딪치게 된다. 때로는 서로의 의견을 조율하지 못해 성과없이 협상을 끝내는 경우도 있다.

얼마 전, 중국의 한 식품무역회사는 마늘을 수출하는 협상에서 만족스러운 가격으로 계약을 성사시켰다. 싱가포르의 화교상인인

A씨와 마늘수출입 문제를 놓고 협상을 벌여 좋은 결과를 얻어낸 것이다.

1차 협상에서 중국 회사는 1톤당 720달러로 오퍼를 냈다. 그러나 A씨는 705달러를 고집했다. 가격협상에서 상당한 의견차이가 발생한 데다 양측 모두 양보할 기미가 없어 거래는 성사되지 못했다. 하지만 중국 측에서는 마늘 수확기가 다가왔기 때문에 어떻게 해서든 마늘을 판매해야만 했고, A씨 역시 수확기에 신선한 마늘을 구하려면 그 협상을 성사시켜야 했다. 제철을 놓치면 품질을 보증할 수 없을 뿐 아니라, 마늘의 시장유통량이 줄어 가격도 오르기 때문이다.

이러한 상황이 맞물려 이들은 결국 2차 협상에 들어갔다. 2차 협상에서 중국 측은 이해관계를 따져본 다음 705달러로 계약하는 데 동의했다. 달러화와 인민폐의 환율가치가 상승하고 있던 터라 예정대로 결제를 한다면 원래 가격보다 높은 가격으로 거래하는 효과를 거둘 수 있었기 때문이다. 그런데 단번에 양보를 받은 A씨는 축배를 들기는커녕 이해하기 어려운 제안을 했다. 오퍼가격에 5달러를 더 얹어주겠다는 것이다.

계약이 정식으로 발효된 후, 중국의 식품무역회사는 A씨에게 그 이유를 물어보았다.

"싱가포르에는 화교들이 많습니다. 우리의 오랜 고객들은 모두 중국 내륙의 북방지역 출신이라 마늘이 매울수록 그들의 입맛에 더 맞지요. 이번에 좋은 물건을 구매했으니 저는 예전처럼 꽤 괜 좋은 가격에 물건을 팔 수 있을 겁니다. 5달러를 더 올린다고 해서 우리가 손해볼 일은 없습니다. 이 거래에서 저는 예상보다 1만 달러를 덜 벌었지만, 귀사는 이 거래를 계기로 저를 영원히 잊지 못할 겁니다. 저는 우리가 앞으로 장기거래를 하게 되리라 생각합니다. 이번 거래에서 제가 그랬던 것처럼 중국 측도 앞으로 제가 도움을 필요로 할 때 기꺼이 도와주리라 믿습니다."

어떤 비즈니스맨은 작은 이익을 두고도 서로 양보하지 않으려하지만, 그것이 지속되면 반감이 생길 수밖에 없다. 이런 상황에서는 설사 비즈니스가 성사될지라도 기분좋게 거래하기가 어렵다. 또한 작은 이익을 취했더라도 그것이 실질적으로는 큰 것을 놓치는 결과를 초래해 사실상 패자가 되고 만다.

물건이 출하될 때, A씨의 현명한 판단은 그가 고수라는 사실을 다시 한 번 입증시켰다.

A씨가 주문한 물건은 원래 칭다오 항구에서 선적하기로 했는데, 그곳에서 싱가포르로 떠나는 배는 매월 초 한 번밖에 없었다. 그렇다 보니 A씨가 좋은 가격에 마늘을 판매하려면 다른 사업자들이 내놓기 전에 서둘러 물건을 받아야 했지만 상황이 여의치 않았다. 결국 A씨가 구매한 물건은 월 초에 떠나는 싱가포르행 배에 실리지 못했고 A씨는 큰 손해를 볼 처지에 놓였다.

그때 A씨는 자신의 사정을 중국 측에 모두 털어놓고 선적항을 칭다오에서 상하이로 바꿔주기를 요청했다. 며칠 후에 상하이 항구에서 싱가포르로 떠나는 배가 있었던 것이다. A씨의 요청을 받은 중국 측은 몇 가지 조건을 따져보았다.

첫째, 마늘 생산지에서 칭다오 항구로 이동할 때는 자동차를 이용해야 하고, 상하이로 이동할 때는 기차를 이용해야 한다. 상하이 항구는 칭다오 항구보다 2배나 멀지만 기차가 자동차보다 운송료가 저렴하다. 따라서 중국 측이 더 내야 할 비용은 없다.

둘째, A씨는 가격 면에서 중국 측에 이미 많은 양보를 했다.

셋째, 장기적인 이익을 고려할 때 A씨는 중국 측의 오랜 바이어이자, 협력파트너가 될 사람이다.

결국 중국 측은 A씨의 요청을 수락했다.

A씨가 협상을 할 때, 오퍼가격에 5달러를 얹어준 것은 포전인옥의 전략에서 중국 측에 던진 '벽돌'이라고 할 수 있다. 덕분에 A씨는 즉시 항구를 변경해 제때에 물건을 받아볼 수 있었다. 또한 A씨가 제때 받은 물건을 좋은 가격에 팔아 더 많은 이익을 남긴 것은 '옥돌'에 비유할 수 있다. 이들은 모두 조금씩 양보하여 윈윈의 효과를 거둘 수 있었던 것이다.

눈앞의 작은 이익에 연연하지 말고 넓게 바라보아야 큰 이익을 얻을 수 있다.

아이디어의 4단계 발전론

어느 성공한 사업가는 "새로운 비전을 찾으려면 머릿속에 있던 기존의 프로그램과 모델을 의식적으로 지워야 한다"고 말한다. 즉, 고정관념을 지워야 한다는 것이다. 고정관념은 우리의 사고를 속박하므로 그것을 경계하고 배제해야 한다.

1952년, 일본의 도시바 사는 선풍기 판매가 부진해지면서 누적된 재고로 골머리를 앓고 있었다. 7만여 명에 이르는 직원들이 판로를 열기 위한 대책을 논의하고 아이디어를 짜내는 데 모든 역량을 기울였지만 진전이 없었다.

어느 날 한 말단직원이 선풍기의 색상을 바꾸자는 제안을 했다. 당시만 해도 전 세계 선풍기는 모두 검은색이었고, 도시바도 예외는 아니었다. 그 제안은 흔쾌히 받아들여졌고 연구 끝에 도시바는 다음 해 여름에 파스텔톤 컬러의 선풍기를 출시했다. 단순한 아이디어에서 비롯된 컬러선풍기의 인기는 상상을 초월했다. 심지어 투매현상까지 빚어졌다. 이후 전 세계에서 일률적으로 사용하던 검은색 선풍기는 시장에서 사라지고 말았다.

사실, 색상을 바꾸자는 아이디어를 내놓기 위해 해박한 과학기술이 필요한 것도 아니고, 풍부한 사업경험이 있어야 했던 것도 아니다. 그렇다면 도시바에서 근무하는 수만 명의 다른 직원들은 왜 아무도 그런 생각을 하지 못한 것일까? 그리고 그 말단직원은 어떻게 그런 아이디어를 떠올렸던 것일까? 그것은 바로 고정관념에 얽매이느냐 그렇지 않느냐에 달려 있는 문제다.

새로운 아이디어를 떠올려야 할 경우, 일단 내용의 실마리를 잡는 것부터가 매우 어렵다. 따라서 시작단계에서는 의식적으로 여러 사람들과 함께 의견을 나누는 것이 좋다. 때론 며칠 동안 그 문제에 대해 생각해도 뾰족한 방법이 손에 잡히지 않는다. 그러다가 갑자기 좋은 생각이 떠오르기도 한다. '사고(思考)'는 술을 담글 때처럼 발효기간을 필요로 하는 것이다.

첫 번째 단계에서 의식적인 노력으로 얻는 아이디어는 일반상식보다는 높은 수준이지만, 아직 성숙되지 않은 개념이다. 명주(名酒)가 탄생하기까지는 숙성기가 필요하듯 다음 단계를 거쳐야 비로소 아이디어도 성숙한다. 그러나 많은 사람들이 이러한 단계에 들어서지 못하고 또한 성숙기가 존재한다는 사실을 믿지 않는다. 그렇기 때문에 첫 단계만 맴돌 뿐, 다음 단계로 넘어가지 못한다.

하지만 월러스(G. Wallace)가 개인의 경험을 분석하여 제창한 '4단계론' 즉 준비, 성숙, 충동, 완성이라는 메커니즘을 이해한다면, 성숙기로 진입하기 위해 좀더 노력할 수 있을 것이다. 또한 이런 방법을 통해 자기훈련 과정에 새로운 수단을 도입할 수도 있다.

도시바의 많은 직원들이 컬러를 바꾸자는 아이디어를 떠올리지 못한 이유는, 그들의 선풍기는 늘 검은색이었기 때문이다. 검은색이 대대로 전통처럼 자리잡으면서 사람들은 선풍기는 당연히 검은색이어야 한다는 고정관념을 갖게 된 것이다. 이러한 관례나 관행, 전통은 사람들의 생각에 반영되어 고정관념과 경직된 사고를 형성한다. 그리고 시간이 지날수록 고정관념은 창의적인 사고 방식을 가로막는 것은 물론 그것에 더욱 얽매이게 한다. 따라서 우리는 고정관념의 틀에서 벗어나기 위해 더 많은 노력을 기울여야 한다.

도시바의 한 말단직원이 제안한 아이디어는 '선풍기는 검은색이어야 한다'는 고정관념을 깨뜨렸다는 점에서 높이 살 만하다. 고정관념에 얽매이지 않고 창의적인 마인드를 유지하는 것이 곧 부자가 되는 길이다.

NUMBER

5

재치 있는 한 마디를 준비하라

청바지가 하나밖에 없어 불편해하던 한 아이는 어머니를 설득할 방법을 찾기 위해 고민했다. 무조건 조르면 어머니가 거절할지도 모른다는 생각이 들었기 때문이다. 그다지 뾰족한 방법이 떠오르지 않자, 아이는 진지한 표정으로 어머니에게 물었다.

"엄마, 혹시 청바지가 하나밖에 없는 아이를 본 적 있으세요?"

그런데 천진난만하기도 하고 또 한편으로는 계획적이기도 한 이 질문은 어머니의 마음을 움직였다. 후에 어머니는 자기 친구에게 당시의 심정을 털어놓았다.

"애가 진지하게 묻는데 왜 그렇게 미안한 마음이 들던지… 만약 청바지를 안 사주면 그 녀석이 몹시 곤란해질 것 같은 생각이 들더라고."

그 아이는 어머니의 양심을 자극하는 방법을 써 어머니로 하여

금 자신의 부탁이 합리적이라고 느끼게 만든 것이다.

사람의 자존심, 명예, 능력 등 모든 것은 '자극법'의 무기가 될 수 있다. 미국의 흑인 갑부 존슨은 시카고에 본사 사옥을 짓기 위해 대출을 받으려고 동분서주했지만 돈을 빌려주려는 은행이 없었다. 할 수 없이 그는 먼저 건물을 준공한 후 돈을 마련하겠다는 계획을 세우고 시공사를 선정했다. 시공사가 건물을 시공하는 동안 자신은 어떻게든 돈을 만들어볼 생각이었던 것이다. 그러나 건물이 거의 다 올라가도록 그는 돈을 마련하지 못했다. 돈을 구하기 위해 노력하던 존슨은 어느 날, 한 생명보험회사 주임과 뉴욕에서 저녁식사를 하게 되었다. 그때 존슨은 늘 몸에 지니고 다니던 설계도를 식탁에 펼쳐놓았다. 보험회사 주임은 당황하는 표정으로 이렇게 말했다.

"여기서 이런 대화를 나누기는 적당하지 않은 것 같군요. 내일 제 사무실로 한번 들러주십시오."

이튿날, 존슨은 그 보험회사가 대출을 해줄 것이라 확신하고 확정적인 말을 던졌다.

"좋습니다. 오늘의 유일한 과제는 저에게 대출을 해주신다는 귀사의 약속을 받아내는 겁니다."

보험회사 주임은 말도 안 된다는 표정을 지으며 말했다.

"지금 농담하십니까? 우리는 지금까지 하루 만에 대출을 약속한 적이 한 번도 없습니다."

존슨은 그 기회를 놓치지 않았다.

"당신은 한 부서의 주임입니다. 이 기회에 당신이 이 회사에서 하루 만에 이런 일을 처리할 만한 권한이 있는지 한 번 시험해보세요."

상대방은 어쩔 수 없다는 듯한 표정을 지으며 웃었다.

"당신은 나를 벼랑 끝으로 모는군요. 하지만 한 번 시험해볼 만한 일인 것 같네요."

주임은 결국 일을 해냈고 존슨은 결제기한을 몇 시간 앞두고 돈을 챙겨 시카고로 돌아올 수 있었다.

자극적인 방법으로 다른 사람을 설득하기 위해서는 상대방의 약점을 공격해 꼼짝 못하게 만들어야 한다. 존슨의 사례에서 보험회사 주임의 약점은 바로 자신의 권한에 대한 존엄성이었다. 존슨은 대화를 하면서 주임의 권한을 의심하는 듯한 인상을 내비쳤고, 주임은 자기 권한의 존엄성에 도전을 받는다고 생각했다. 그리고 그러한 상황은 주임으로 하여금 '좋아. 내 권한을 증명해보이겠어' 라는 결심을 하게 만들었다.

비즈니스에서 누군가에게 부탁을 할 경우에는 반드시 상대의 약점을 잡아 목적을 달성해야 한다.

그 무엇보다 먼저 '나'를 이겨라

"나를 잘 아는 사람은 다른 사람을 원망하지 않고, 자신의 운명을 주도하는 자는 하늘을 원망하지 않는다. 다른 사람을 원망하는 사람은 곤경에 처했을 때 헤어나오지 못하고, 하늘을 원망하는 사람은 포부를 갖고 앞을 향해 나아가지 못한다."

중국에서 옛날부터 전해져온 이 말은 불평불만을 늘어놓고 남을 원망하는 행동은 아무런 의미가 없음을 뜻한다. 성공을 하려면 불평불만에서 벗어나야 한다는 얘기다.

특히 비즈니스계는 워낙 부침이 심해 하루에도 수없이 많은 회사가 성공하기도 하고 실패하기도 한다. 그런데 많은 회사들이 실패를 하면 자신의 과오를 반성하기보다 사람과 하늘을 원망한다. 또 다른 회사는 어떠한 어려움이 닥쳐도 사람과 하늘을 원망하기보다 최선을 다해 노력한다. 전자의 경우는 마지막 희망마저 사라져버리지만, 후자는 어려움을 딛고 승리의 언덕에 오르게 된다.

1935년 4월 28일, 로스는 5년 넘게 경영하던 화학비료공장의 문을 닫기로 했다. 이미 나이가 48세에 이른 그에게 회사의 도산은 커다란 충격이었다. 모든 것을 정리하기로 결정을 내리자 마음이 차분하게 가라앉았고, 그제야 그는 조용히 앉아 인생, 돈, 삶의 의미 등에 대해 생각해보기 시작했다.

'이건 내가 선택한 길이었고, 내가 만들어낸 결과야. 어쨌든 살아 있는 한 최선을 다하며 살아야 할 것 아닌가. 결코 여기서 멈출 수는 없다.'

일단 사업체를 정리하여 빚을 갚은 뒤, 그는 생계를 위해 배낭을 메고 알래스카로 향했다. 그런데 항구에 도착했을 때, 눈앞에 벌어진 광경을 보고 넋을 잃고 말았다. 일자리 시장이 열리고 있던 그곳은 사람들로 인산인해를 이루고 있었던 것이다. 아직 일자리를 구하지 못한 노동자들은 여기저기 누워 먹고살 걱정에 한숨을 내쉬고 있었다.

'어서 빨리 일자리를 찾아보자!'

그러나 불경기 탓에 대부분의 공장은 직공을 모집하지 않았다. 로스는 일자리를 찾기 위해 분주히 돌아다녔지만 아무런 성과도 얻지 못했다. 더욱이 여비마저 떨어져 그는 하룻밤에 15달러를 내고 묵고 있던 여관에서 나와야만 했다. 거리를 헤매다가 다리 밑의 구덩이를 숙소로 삼은 그는 할 수 없이 쓰레기 줍는 일을 시작했다. 그 일은 땀을 흘린 만큼 돈을 벌 수 있었고 하루 평균 60달러 정도를 벌었다. 하지만 쓰레기를 줍는 사람이 점점 늘어나면서 벌이가 점점 시원찮아졌다.

그래도 쓰레기 줍는 일로 1만 달러를 모은 로스는 러시아인들이 길거리에서 양꼬치를 파는 것을 보고 제법 장사가 된다 싶어 양꼬치 노점상을 시작했다. 하지만 이제 막 영업을 시작한 로스는 러시아인들의 가게만큼 장사가 잘 되지 않았다. 이런저런 궁리 끝에 그는 고객들이 음식에서 가장 중요하게 생각하는 부분이 위생이라는 점을 알아채고 청결유지에 최선을 다했다. 다른 가게와 달리 구이용 식기들이 반짝반짝 윤이 나도록 깨끗이 닦고, 접시 위에 양꼬치를 가지런히 올려놓았던 것이다. 또한 그는 맛에도 공을 들여 같은 업종에서 일하는 사람에게 맛 내는 법을 배우고 고객들의 취향을 물으며 연구에 연구를 거듭했다.

그렇게 새로운 모습으로 거듭나자, 로스의 꼬치구이점에 사람들이 모여들기 시작했다. 그리하여 로스의 양꼬치 판매대는 하나 둘 늘어갔고, 알래스카 거리에서 가장 인기 있는 꼬치구이점이 되었다. 훗날 로스는 로스양고기 식품회사를 설립했다.

로스는 그야말로 바닥부터 시작해 다시 일어섰다. 바닥까지 내려간 사람에게 남은 것은 치고 올라가는 것밖에 없다는 것을 그는 깨달았던 것이다. 실패는 피할 수 없는 인생의 동반자다. 하지만 실패에 굴복하거나 세상을 원망하지 않고 새롭게 시작한다면 반드시 길이 나타나는 법이다. 주변에서 사업 기회를 모색한 다음, 난관에 굴하지 않고 필사의 각오로 나아간다면 분명 성공할 수 있을 것이다.

노자는 "다른 사람을 이긴 사람은 단지 힘으로 남을 제압한 것이지 승자라고 할 수 없다. 자신을 이긴 사람이야말로 진정한 승자다"라고 말했다. 급변하는 비즈니스계에서 실패를 딛고 성공하려면 먼저 '나'를 이겨야 한다. 사고를 전환해 세상을 원망하기보다 새로운 길을 모색하는 데 공을 들여야 한다. 그러면 성공의 길은 분명 보일 것이다.

NUMBER

7

임기응변도 때론 약이 된다

　기업이 성공을 다지고 지속가능한 발전을 추구하는 과정에서 필연적으로 겪게 되는 것이 바로 '위기' 다. 아무리 사전준비를 철저히 한다 해도 그것은 단지 위기 발생 확률을 줄일 뿐, 완전히 없앨 수 있는 것은 아니다.

　한 치 앞을 내다보기 힘든 비즈니스 세계에서는 특히 돌발변수가 많이 생긴다. 정치적인 변화, 경제정책 조정, 법률 수정, 자연재해, 시장 수요, 재무 리스크 등 헤아릴 수 없이 많은 변수들이 존재하는 것이다. 이런 복잡한 상황을 개인, 한 기업, 한 국가의 힘으로 완벽하게 예측할 수는 없다. 더욱이 모든 일을 사전에 예방하는 것은 불가능하기 때문에 사전에 충분한 준비를 해야 한다.

　특히 기업이 순조로운 발전을 이루고 실패를 번복하지 않으려면 임기응변 능력을 갖춰야 한다.

광동성의 진롱그룹이 설립될 당시, 비록 회사규모는 작았지만 그 회사의 사장 황다는 임기응변 능력이 매우 뛰어난 사람이었다. 건강식품 시장을 주목한 그는 온갖 수단을 동원하여 광조우의 한 과학연구기관에 연락을 취해 새로운 건강음료개발에 도움을 달라고 부탁했다. 별다른 반응을 보이지 않던 연구소는 진롱그룹이 시장의 비전과 음료성분 데이터를 분석한 자료를 보내자 마침내 협력하기로 합의했다.

계약서를 체결한 후 진롱그룹은 연구소에 500만 달러의 연구비를 지원했다. 이 과정에서 황다는 만약 연구에 실패하거나 중도 포기해 연구가 계획대로 완료되지 못했을 때 생기는 손해를 고려해 한 가지 아이디어를 생각해냈다. 연구소에 그들의 연구진전 상황을 상세히 서면으로 보고할 것을 요구하였고, 화학공장에서 스카우트해온 연구원 몇 명을 파견해 협조요원이라는 명목으로 연구개발과 제조에 참여하도록 했던 것이다. 물론 그들에게는 연구진전 상황과 세부실험에 대해 면밀히 파악하도록 미리 지시를 해두었다.

예상대로 그 연구소는 음료시약 개발에 성공했다. 그때, 그 연구소의 책임자는 머릿속으로 계산기를 두드려보았다. 만약 성공적인 연구결과를 그대로 넘겨주지 않고 자신들이 직접 음료공장을 건립한다면 시장을 독점할 수 있을 거라는 생각이 들었던 것이다.

결국 연구소는 음료개발 과정에서 여러 가지 문제가 발생해 정체상황에 빠졌고, 더 이상 연구를 계속할 수 없다고 대외에 발표했다. 그리고 진롱그룹에 300만 달러의 배상금을 지불하겠다고 통보해왔다.

하지만 이미 이런 상황을 예상한 황다는 발빠르게 움직였다. 그는 연구소에서 제출한 보고서와 파견 직원들의 보고를 통해 벌써 이상한 기미를 눈치챘던 것이다. 그는 연구소가 자신을 배신하고 그 성과를 독점하려 한다는 것을 알고 있었다.

황다는 곧바로 이번 실험에서 중요한 역할을 담당했던 몇몇 연구소 직원을 파격적인 조건으로 스카우트했다. 동시에 특허국으로부터 먼저 특허신청을 받아냈다. 이로써 연구소는 인재를 잃었을 뿐 아니라, 합법적인 생산도 불가능해졌다. 결국 진롱그룹은 2개월 후에 바라던 대로 건강음료를 출시해 성공할 수 있었다.

아무리 현명한 기업가일지라도 사업 과정에서 발생하는 모든 위기를 예측하여 완벽하게 대처할 수는 없다. 오로지 업무상의 기본원칙에 따라 개괄적이고 원칙적인 위기예방만 할 수 있을 뿐이다. 따라서 회사는 또 다른 능력을 기르기 위해 노력해야 한다. 그것은 바로 임기응변이다.

임기응변은 위기상황에서 특히 빛을 발하며, 위기가 닥쳤을 때 능동적으로 대처할 수 있게 해준다. 또한 위기에 직면했을 때 곤란한 상황이 일파만파로 확대되는 것을 효율적으로 예방할 수 있고, 이후 더욱 성공적으로 위기에 대처할 수 있게 해준다.

위기를 예방하고 임기응변에 능하려면 다음의 몇 가지 사항에 주의해야 한다.

첫째, 위기발생 가능성에 대해 철저히 분석하고 실행 가능한 위기대처 계획을 세워야 한다.

둘째, 위기대처 계획에 따라 모든 것을 꼼꼼하게 준비하고 구체적인 예방법을 명시화한다.

셋째, 조기경보시스템을 구축하고 적시에 위기의 실마리를 발견해 주목할 수 있도록 한다. '위기'라는 화재를 몰고 올 불씨를 철저히 꺼야 하는 것이다.

넷째, 예방에 있어서 작은 일도 소홀히 해서는 안 된다. 위기는 보통 사람들이 주의를 기울이지 않는 작은 것으로부터 시작되기 때문이다.

다섯째, 실행 가능한 예방조치를 세워야 한다. 일단 위기가 닥치면 그 기세를 꺾기가 쉽지 않다. 그러므로 예방조치는 엄격하고 철저해야 한다.

여섯째, 위기발생은 객관적인 원인으로 생기기도 하고 때로는 주관적인 원인으로 생기기도 한다. 이때, 만약 눈앞의 이익만을 고려한다면 정책결정에서 실수를 범하기 쉽다. 한 번 발을 잘못 딛게 되면 전체를 그르칠 수도 있으므로, 과학적인 의사결정시스템을 구축해 최고 의사결정권자의 오판으로 생길 수 있는 위기를 미리 방지하는 것이 바람직하다. 실수를 예방하는 것이야말로 가장 현명한 방법이다.

일곱째, 예비인력이나 예비자금을 준비해 만약의 사태에 신속

하게 투입할 수 있어야 한다. 위기예방을 위한 물적 준비를 해두
어야 하는 것이다. 예를 들면 일정 금액의 유동자금을 마련해 위
기나 재난이 닥쳤을 때 사용하도록 해야 한다.

규모보다는 잠재성이 중요하다

중국의 옛 속담에 "사람의 탐욕이 너무 크면, 뱀이 코끼리를 삼키는 꼴과 같다"는 말이 있다. 이것은 무슨 일이든 무리하게 욕심을 부리지 말라는 의미를 담고 있다. 코끼리를 삼킨 뱀이 어떻게 되겠는가. 아마 다 삼키지도 못하고 제 몸이 먼저 찢어지고 말 것이다.

창업 후, 마케팅전략을 짤 때 너무 큰 기대감을 안고 첫술에 배부를 생각을 하면 안 된다. 시장을 개척하고 마케팅을 진행하는 것은 마치 우주로 날아간 로켓이 한 단계씩 분리되어 비행하다 어느새 목표지점에 도달하는 것과 같다. 따라서 먼저 목표시장을 설정하고 마케팅전략을 세운 후, 목표를 향해 한발 한발 앞으로 나아가야 한다.

꼼꼼하고 치밀한 창업자는 자본 규모에 맞춰 사업 규모를 결정한다. 그들은 우리가 주위에서 흔히 볼 수 있고 쉽게 할 수 있는 소규모 점포부터 시작하는 것이다. 그렇게 시장의 밑바닥으로부터 경험과 부를 축적하고 점점 규모가 큰 사업으로 확장해나간다. 이것이 바로 우리가 지향해야 할 태도다.

경영을 잘하기만 하면 규모와 상관없이 큰돈을 벌 수 있다. 반면, 경영을 잘하지 못하면 규모가 클수록 손해액도 어마어마하게 늘어난다.

우리가 평소에 별다른 생각 없이 사용하는 압정 하나의 가격은 0.004위안이고 압정 하나를 팔아 생기는 이윤은 0.001위안밖에 안 된다. 하지만 이렇게 작은 압정을 팔아 저장성의 한 소규모 기업은 1987년에 220만 위안의 영업수익을 기록했다. 수출로 벌어들인 외화만 해도 20만 달러에 달한다.

일본의 '지퍼왕' 요시다 타다오는 성공적으로 지퍼를 생산해 갑부가 되었다.

지퍼의 생산단가와 이윤은 압정보다 조금 높지만, 지퍼 역시 사람들의 관심을 끌지 못하는 보잘것없는 작은 물건일 뿐이다. 그런데 지퍼는 생각보다 용도가 다양했고, 부단하게 변화하는 의류와 가방은 지퍼 시장을 계속 넓혀주었다. 요시다 사는 세계 지퍼시장의 35퍼센트를 차지하는 최대 지퍼제조업체로, 매년 생산되는 지퍼의 길이가 지구 49바퀴를 도는 거리에 해당하는 190만 킬로미터에 달한다.

요시다 타다오는 원래 고향에서 중국 도자기 판매 회사의 말단 직원이었다. 그런데 그 회사가 파산하면서 많은 물건이 재고로 남게 되었고, 그중에는 다른 사람이 위탁판매를 부탁한 지퍼도 포함되어 있었다. 그런데 그 지퍼는 가공상태가 조잡했고 대부분 녹이 슬어 있었다. 그것을 팔아 빚을 상환해야 했던 요시다 타다오는 채권자들에게 그 지퍼를 자신이 수리할 수 있게 해달라고 부탁했다. 그렇게 지퍼에 손을 댄 요시다는 훗날 고향에 회사를 설립해 지퍼를 전문적으로 생산하게 되었다.

하지만 뛰어난 경영성과를 올리던 중에 태평양전쟁이 발발하면서 해외 판로를 잃게 되었다. 더욱이 도쿄에 있는 지퍼공장이 폭격을 맞아 완전히 불타버렸다. 모든 것을 잃은 상황에서도 요시다는 굴복하지 않았고, 결국 종전이 되던 1945년에 새로운 지퍼공장을 설립했다.

전쟁이 끝난 후, 물자부족에 시달리던 일본에서 지퍼사업은 활기를 띠게 되었고, 요시다는 미국에서 합금원료 지퍼를 생산하는 기계를 들여와 새로운 제조방법으로 대량생산을 시작했다. 그 결과, 오늘날에 이른 요시다 타다오는 자타가 공인하는 지퍼시장의 제1인자이며, 'YKK'라는 상표는 세계시장에서 확고한 위치를 점하고 있다.

사실, 세계의 수많은 백만장자들은 그다지 가진 것 없이 평범한 상태에서 출발했다. 그들은 작은 사업으로부터 시작해 점점 많은 사람들이 주목하는 거물 경영자로 성장한 것이다.

세계적으로 유명한 브러시 설립자도 창업초기에는 어떤 업종을 선택해야 할지 고민에 고민을 거듭했다. 가장 큰 문제는 자본금이 넉넉지 못하다는 점이었다. 더욱이 브러시제조업이라는 영세업종을 선택한 후에도 그는 그것이 과연 잘한 일인지 고민할 정도로 갈등이 많았다.

그가 보스턴에 사는 누나 집의 창고를 임시공장으로 임대했을 때, 매형은 곱지 않은 시선으로 말했다.

"대체 무슨 일을 하는 건가? 브러시를 만들어 돈을 벌 수 있을 거라고 생각하나? 이윤이 너무 박하다고. 판로도 제한적이잖아. 더욱이 브러시는 가정에서 한 번 구입하면 거의 반영구적으로 사용하는 물건이잖아. 어느 집에서 매일 브러시를 사서 쓰겠나?"

그는 브러시를 선택한 이유와 고충을 충분히 설명한 후, 자신의 당찬 의지를 내보였다.

"나는 사업 규모는 그리 중요하지 않다고 봅니다. 중요한 것은 회사를 어떻게 경영하느냐 하는 거죠. 브러시는 작은 물건이지만, 모든 가정의 필수품이고 경영만 잘한다면 반드시 성공할 수 있으리라 믿습니다."

모터사이클의 왕이자 글로벌기업의 창립자인 혼다 소이치로와 일본 가전업체의 왕 마쓰시타 고노스케가 만났을 때, 혼다가 말했다.

"우선 작은 목표를 정하고 그것을 향해 도전했습니다. 그 목표를 이룬 후엔 조금 더 큰 목표에 도전하였습니다. 그것을 정복하고 난 후엔 더 큰 목표를 세우고 공격적으로 목표달성을 위해 노력했습니다. 그렇게 10여 년을 악전고투했지요. 한 걸음씩 오르다 보니 어느새 세계적인 모터사이클의 왕이 되어 있었습니다."

마쓰시타 역시 자신의 경험담을 들려주었다.

"나도 작은 사업부터 시작해 성실히 일한 것이 지금의 초석이 되었습니다. 지금도 직원들에게 '발명을 하고 싶다면 일상생활의 작은 소품부터 하라. 큰 사업을 하고 싶다면 소규모 장사부터 하라'고 자주 말합니다."

마쓰시타는 처음에 영세한 전기콘센트 사업으로부터 시작했다. 그는 처음부터 비싼 녹음기, TV 등의 가전제품을 생산하지 않았던 것이다. 혼다 역시 처음에는 영세한 모터사이클 수리공장으로부터 사업을 시작했다. 그가 처음부터 모터사이클 생산라인을 갖고 있었던 것은 아니다.

규모는 중요하지 않다. 시장에 수요만 있다면 작은 상품도 크게 성공할 수 있다. 아기 기저귀를 생산하는 니시치 주식회사는 절대 큰돈을 벌 수 없을 거라는 주변의 우려를 일축하고 아기 기저귀로 커다란 성공을 거두었다. 사람들이 별것 아니라고 생각했던 기저귀 제조사가 마쓰시타 전기, 혼다 자동차와 어깨를 나란히 하며 세계 70여 개국에 수출을 하고 있는 것이다.

이 기업은 영세한 상품이라는 이유로 세계시장 개척을 망각하지 않았다. 또한 상품과 이윤이 적다는 이유로 더 많은 이윤을 얻을 수 없다고 생각하지 않았다. 그 결과, 거대한 시장에서 성공한 기업가로 우뚝 올라설 수 있었다.

만약 사업을 하고 싶다면 작은 것으로 눈을 돌려라. 물이 한 방울씩 모여 강이 되고 바다가 되는 원리를 이해한다면 누구나 크게 성공할 수 있다. 아무리 작고 영세한 업종이라도 그 잠재성을 무시하면 안 된다. '티끌 모아 태산'이라는 말처럼 성실하고 억척스럽게 일에 몰두하면 큰 사업체를 만들 수 있다.

3장

난관을 현명하게

넘기는, 위기관리

능력 키우기

위기 속에는 위험과 기회가 동시에 들어 있다

스트레스가 없으면 성공의 원동력도 사라진다. 이 사실에 누구도 예외는 없다. 대부분의 성공은 스트레스를 받으면서 이루어진 것이다. 사람들은 어려움을 이겨나가는 과정에서 자기도 모르는 사이에 강인한 의지와 성공에 대한 욕구가 생겨난다. 따라서 어려움에 처할수록, 스트레스를 많이 받을수록 극복하려는 의지가 강해진다. 물론 반대의 경우도 있을 수 있다. 의지가 박약한 사람은 어려움에 처하는 시점이 곧 타락으로 빠져드는 계기가 될 수 있는 것이다.

일본의 혼다가 모터사이클만 생산하고 있던 무렵, 모터사이클 시장은 유례없는 성장기에 들어서고 있었다. 하지만 1965년 들어 일본 통산성에서는 교통수단 발전에 관한 강제적 법률을 새롭게 제정했고, 그로 인해 혼다는 모터사이클 생산에 제약을 받게 되었다. 일본 정부는 거시적인 안목에서 자동차산업의 발전을 유도하고자 했던 것이다.

갑작스런 정책변화 앞에 선 혼다는 자신의 손으로 일군 기업에 실패의 그림자가 드리워지고 있음을 느꼈다. 하지만 그대로 주저앉을 수 없었던 혼다는 심사숙고 끝에 정부정책에 발맞춰 주요 생산방향을 조정했다. 모터사이클 생산기술을 연구하는 핵심인력을 하나로 융합하여 자동차생산 연구소를 설립했던 것이다. 그 결과, 혼다는 자동차를 생산해냈고 오늘날 세계적으로 이름을 떨치는 자동차 왕국으로 거듭날 수 있었다.

만약 정책적인 규제가 없었다면 혼다는 오늘날 모터사이클을 생산하는 기업에 머물렀을지도 모른다. 혼다는 외부환경의 압력을 이겨내는 과정에서 만들어진 것이다.

평범함에 파묻혀 그저 주어지는 대로 안일하게 살아가는 태도에서는 미래에 대한 잠재력을 발견하기 어렵다. 특히 오늘날처럼 경쟁이 치열한 적자생존의 시대에는 더욱 그렇다.

위기가 감지되면 능동적으로 스스로를 재충전하고 단련시켜야 한다. 그렇지 않으면 시대의 흐름에 뒤떨어지고 도태되어 실패하고 만다. 모든 사업가들은 다양한 스트레스에 노출되어 있다. 어떤 사업가는 과도한 스트레스로 쓰러지기도 하고, 또 어떤 사업가는 스트레스를 견디다 못해 스스로 실패를 인정하기도 한다. 하지만 더 많은 사업가들이 스트레스를 기회로 삼아 두각을 나타내기도 하고 성공하기도 한다.

사업을 하다 보면 수많은 선택의 기로에 놓이게 된다. 그중에서도 특히 성공과 실패의 기로에 놓여 있을 때, 선택하기가 가장 어렵다. 성공과 실패는 서로 대립하는 개념이지만, 사실 그것은 백지 한 장 차이이기 때문이다. 어떤 사람은 실패를 촉매제로 삼아 성공의 길로 나간다. 또 어떤 사람은 성공을 한 후 다시 실패의 나락에 빠지기도 한다.

성공의 길로 나아가려면 포부와 용기를 가지고 절망적이고 어려운 상황을 이겨내는 노력이 필요하다. 그러나 일단 성공한 후에 실패하는 것은 내가 의식하지 못하는 사이에 발생하는 일이므로 주의해야 한다. 성공은 어디까지나 진행형이다. 그러므로 거기에 안주해서는 안 된다. 안주는 실패를 부르기 때문이다.

큰 거래일수록 심사숙고하라

비즈니스 거래에서는 규모가 클수록 심사숙고해야 한다. 결코 타인의 허풍을 믿고 경솔하게 처신해서는 안 된다. 중국의 경태람(景泰藍—중국 북경에서 제조되는 칠보 자기)은 수천 년의 역사를 걸쳐 만들어진 공예미술의 결정체다.

어느 날, 일본에 살고 있다는 화교 한 명이 중국 공예품 수출부서를 찾아와 부탁했다.

"저는 일본에서 공예품 중개상으로 일하고 있지만, 마음은 언제나 중국을 향해 있으며 중화민족의 전통문화를 널리 빛내고 싶습니다. 중국 대륙의 수출에 일조하여 중국의 외화수입에 미천한 힘을 보태고 싶습니다."

그를 맞이한 직원은 뜻밖의 희소식에 기쁨을 감추지 못했다. 또한 얼굴 가득 웃음을 머금고 그의 뜻을 기꺼이 환영한다고 말했다.

"오래전부터 경태람에 관심을 기울여왔습니다. 저는 홍콩과 대만, 동남아는 물론 유럽과 미국에 폭넓은 인맥이 있으므로 중국의 공예미술을 널리 알릴 수 있을 겁니다."

화교 중개상은 번드르르한 말솜씨로 자기소개를 했지만, 그것은 어디까지나 허풍이었다. 그러나 진실을 몰랐던 중국인 직원은 그의 말만 믿고 주저없이 거래를 하고 싶다고 말했다.

"경태람은 중국 조상이 물려준 고귀한 문화재입니다. 우리는 모두 경태람의 아름다움을 전 세계에 널리 알려야 할 책임이 있습니다. 더 이상 중개무역을 할 필요없이 제가 직접 경태람을 거래할 수 있는 영광을 얻게 된다면 일생일대의 기쁨이 될 것입니다. 그리고 제가 걸어온 인생도 헛되지 않을 것입니다."

그럴듯한 중개상의 말에 직원은 입을 다물지 못하며 최선을 다해 편리함과 서비스를 제공하겠다고 밝혔다.

"그럼 먼저 가격에 대해 이야기해볼까요? 제가 3,000만 위안에 상당하는 경태람을 주문하고 싶은데 어떨까요?"

중개상은 의도적으로 큰 거래액을 제시해 미끼를 던졌다.

"3,000만 위안이라고요!!"

공예품 수출부서 직원은 그렇게 큰 액수의 거래를 해본 적이 없기에 그 일을 꼭 성사시키고 싶었다. 그래서 이렇게 제안했다.

"제가 공장과 연락을 취해 도매가로 출고가 가능한지 물어보겠습니다. 그 정도 물량이라면 우대가 가능할 겁니다."

"좋습니다. 내일 공장 측도 협상에 참여시키도록 합시다. 먼저 도매가 단가표를 준비해주시기 바랍니다. 되도록 빨리 협상이 이루어지길 희망합니다."

중개상은 시원스럽게 대답하며 명랑하게 웃었고 접대하는 직원은 상대방의 유창한 언변과 좋은 인상에서 어떠한 악의도 발견할 수 없었다. 그는 완전히 무방비 상태였던 것이다.

다음날 오후, 협상은 이상할 정도로 짧고 간결하게 이루어졌다.

중개상은 도매 단가표를 훑어보고는 인기상품을 골라 가격을 깎으며 하나하나 훑어내려 갔다. 그런 다음 양측은 3,000만 위안의 주문의뢰서를 작성했다. 직원은 기쁨을 감출 수 없었고 공장 대표도 대박이 터졌다고 기뻐했다. 그리고 구매의뢰서가 실질적인 효력을 갖는 구매계약서가 되기를 간절히 바랐다.

"자, 구매의뢰서와 구매계약서는 한 끝 차이이니 우리 축배라도 들어야 하지 않을까요?"

중개상은 이렇게 제안했고 곧 호화호텔에서 축하연회가 열렸다. 어느 정도 술이 돌자, 중개상은 일어나 술잔을 들고 말했다.

"저는 아프리카의 목조품, 에스키모의 바다코끼리 이빨 등을 중개무역합니다. 이번에 운 좋게도 경태람을 직접 거래하게 되어 너무도 영광스럽습니다. 저는 과거의 경험을 바탕으로 이번 비즈니스를 잘 해낼 겁니다. 무엇보다 경태람의 특징을 홍보하기 위해 공예품의 제작배경과 그 과정의 어려움을 설명하고 싶습니다. 서양인들에게 경태람의 말로 표현할 수 없는 아름다움과 고상함을 몸소 느끼게 하고 싶습니다. 그래서 작은 부탁이 하나 있는데 들어주실 수 있나요?"

"무엇이든 말씀하십시오. 최선을 다해 협조하겠습니다."

접대 직원은 물론 공장 대표도 기꺼이 응했다.

"경태람의 제작과정을 한 번 참관하고 싶습니다. 제 눈으로 직접 목격한 생산과정을 고객들에게 생생하게 설명해 중국 공예품에 서려 있는 장인의 손길과 기술을 소개하고 싶습니다. 사업의 묘미는 원래 바이어들이 호기심을 갖도록 만들어 그들의 소비욕구를 증가시키는 데 있는 겁니다. 제 부탁을 여러분들이 제대로 이해하시는지 모르겠군요."

중개상은 그렇게 말하고 자신의 교활한 의도를 상대가 간파했는지 눈치를 살폈다.

"타당한 이유를 갖고 계시니 거절할 수가 없군요."

그들은 중개상의 감언이설에 넘어가 주저없이 참관을 허락했다. 그리고 중개상이 공예제작 과정을 참관하는 데는 꼬박 하루가 걸렸다. 하지만 중국 측에서는 중개상인의 참관시간이 그렇게 긴 것에 대해 아무런 의심도 하지 않았다. 그가 진지한 태도로 공장을 돌아보는 것에 대해 어느 누구도 의아해하지 않았던 것이다. 중개상은 처음부터 끝까지 하나도 빠뜨리지 않고 경태람의 전 제작과정을 관찰했다. 그리고 공장 측의 자세한 설명에 감탄사를 연발하며 사진촬영을 했다. 또한 숙련된 기술자들에게 여러 가지를 물어보았고, 질문을 받은 사람들은 대답하기 곤란한 질문에도 싫은 내색 없이 친절히 대답해주었다.

　그런데 참관을 끝내고 돌아간 중개상은 그 후 소식이 없었다. 그리고 얼마 지나지 않아 영문으로 'made in Japan' 이라고 쓰인 경태람이 홍콩, 대만, 한국과 동남아 시장에서 유통되기 시작했다. 그 공예제작 기술은 중국산 품질에 뒤지지 않았고 가격도 저렴해 강력한 경쟁상대가 되었다. 그제야 중국 측의 접대 직원과 공장 대표는 자신들이 속았다는 사실을 깨닫고 분노하며 그 '매국노'에게 욕을 퍼부었다.

　'급히 먹는 밥이 체한다' 는 말이 있다. 마음이 급하면 경솔하기 쉽다. 비즈니스 세계에서 허점을 보이면 경쟁자는 그것을 이용하여 이익을 얻으려 한다. 그러므로 늘 심사숙고한 후 행동해야 한다.

NUMBER

3

실수는 솔직하게 인정하라

사람이란 때론 실수를 할 수도 있다. 이때, 그것을 만회하겠다는 욕심에 눈이 멀면 오히려 기존의 시장을 잃을 수도 있다. 그러므로 설사 계속 실수를 연발할지라도 그것을 만회하기 위해 애쓸 필요는 없다. 차라리 그것을 솔직히 인정하면 신뢰를 회복하는 계기가 될 수도 있다.

어느 날 한 피아노 상점에 젊은 여자 고객이 들어와 둘러보다가 깜짝 놀란 표정으로 종업원을 불렀다.

"이 제품을 구입하겠습니다."

그것은 독일제 정통브랜드 스타인웨이 그랜드피아노였는데, 가격표를 본 종업원은 크게 당황하며 감히 피아노를 팔지 못했다.

"이 가격으로는 절대 피아노를 팔 수 없습니다."

"무슨 소리예요! 분명 이 가격으로 팔겠다는 표시를 해놨잖아요!"

고객과 종업원의 실랑이가 계속되자, 사장이 나타나 사건의 경위를 물었다. 그는 곰곰이 생각한 다음 이렇게 말했다.

"여기 쓰인 가격대로 피아노를 팔겠습니다."

사장은 말도 안 되는 가격으로 물건을 판매하는 것도 모자라 집까지 배송해주고 무료로 조율까지 해주어 그 고객을 만족시켰다. 원래 수천 달러였던 그 명품피아노는 직원의 실수로 가격표에 '0'이 하나 빠져 있었다. 그러니 사장은 얼마나 엄청난 손해를 본 것인가!

그런데 그 소식이 전해진 후 그 상점의 피아노는 물론 다른 상품들까지 불티나게 팔려나갔다. 비록 그 사장은 피아노 한 대를 헐값으로 넘겼지만, 그 실수를 통해 가장 싼 가격으로 커다란 광고효과를 본 셈이었다.

이런 상황에서 만약 눈앞에 벌어진 실수를 바로잡으려 한다면 고객도 잃고 상점의 신용도 잃을 수 있다. 실제로 신용에 무지한 기업은 치열한 경쟁이 펼쳐지는 비즈니스 세계에서 전도유망한 앞날에 먹구름을 드리운다. 그러나 피아노 상점 사장은 실수를 인정했고 그것이 오히려 더 큰 대가로 돌아왔다.

어떤 사람은 실수 앞에서 당황하여 어쩔 줄 몰라 한다. 또 어떤 사람은 실수하면 불안에 떨며 먹지도 자지도 못한다. 분명 실수는 손해를 부른다. 그러나 동시에 그것은 기회이기도 하다. 실수를 인정하면 예상밖의 수확을 얻을 수도 있다.

여러 번 실수를 경험해본 어떤 성공한 사업가는 이런 행동원칙을 세워두고 있다.

첫째, 수영을 못하는데 불행하게도 물이 새는 배를 탔다면 오히려 그것은 수영하는 법을 배울 수 있는 기회가 될지도 모른다. 실수했을 때, 절대 당황하지 마라. 우선 실수의 본질과 대상을 분석한 후, 상식에 어긋나거나 타인과 사회에 해를 미쳤을 때 실수를 수습하라. 그땐, 모든 수단을 동원해 타인에게 용서를 구하라.

둘째, 실수가 미치는 영향을 자세히 분석하라. '실수로 인해 발생한 비용과 실수를 통해 얻을 수 있는 이익은 얼마인가'가 분석의 대상이 되어야 한다. 실수를 계속해도 무방하다면 그것은 실수라는 경계를 넘어 진리가 되는 것이니 계속 하던 대로 하면 된다.

NUMBER 4

위기 앞에서 당당하라

실패했을 때 이성을 잃지 마라. 그때, 이성을 잃으면 영원히 재기하지 못한다.

1982년 10월 19일, 미국 FBI는 세계 자동차 업계에서 '경주용 자동차의 왕'으로 명성을 날리던 드로리언을 체포했다. 미국 경제계에 엄청난 충격을 안겨준 그 사건의 내막은 이렇다.

드로리언은 자동차 공장을 짓기 전에 시장조사 업체를 통해 경주용 자동차의 시장점유율을 조사했다. 조사업체는 그에게 결과를 보고했는데, 그에 따르면 DMC12 경주용 자동차의 예상판매량은 매년 1만 2,000대밖에 안 되는 것으로 나타났다. 사실은 실제상황에 비해 그것도 턱없이 높은 수치였다.

그러나 자부심이 강했던 드로리언은 그 수치에 발끈 화를 내며 시장조사 업체의 조사결과를 무시했다. 그리고 자기 고집대로 연

생산량을 2만 대로 책정하고는 매일 80대의 자동차를 생산했다. 하지만 현실을 무시한 처사로 인해 드로리언의 자동차회사는 곧 경영난을 겪게 되었다. 그때, 만약 드로리언이 실패에 대해 반성하고 시장의 수요에 맞추어 신상품을 개발했다면 회사는 아마도 회생 가능했을지 모른다.

하지만 드로리언은 반성은커녕 회사에 금전적 위기가 닥치자 전반적인 재검토를 무시하고 미친 듯이 생산량을 늘려나갔다. 더욱이 그는 사치스러운 생활을 계속했고, 회사는 빠른 속도로 기울었다.

1982년 2월, 영국 정부는 더 이상 납세자의 돈을 드로리언 자동차 회사에 투자하지 않겠다고 통보했다. 마침내 드로리언은 10월 18일 전에 1,700만 달러를 은행에 입금해야 하는 궁지에 몰렸다. 그 돈을 입금하지 못하면 회사는 파산할 판이었다.

여기까지 왔어도 드로리언은 자신의 실수를 깨닫지 못했다. 거듭된 실패로 이성을 잃은 그는 극한 상황으로 치달아 높은 이윤을 얻을 수 있는 마약거래에 손을 대고 말았다. 그리고 1982년 10월 19일 드로리언이 마약거래를 위해 LA행 비행기에 올랐을 때, 3명의 FBI요원들이 그의 옆 좌석에 함께 탑승해 드로리언의 손에 차가운 수갑을 채웠다.

드로리언의 첫 번째 실수는 자부심이 지나친 나머지 시장규율을 무시하고 판로가 없는 제품을 과다하게 생산했다는 데 있다. 그 결과 재고는 쌓여갔고 기업 손실도 계속 늘어났다.

두 번째 실수는 첫 번째 실수 후 반성은커녕 오히려 이성을 잃은 채 극한상황으로 치달은 점이다. 드로리언은 마약매매를 통해 단번에 많은 돈을 거머쥐려 하다가 모든 것을 잃었다. 결국 그는 철창신세를 지는 죄인으로 전락해버렸다.

　설사 곤경에 빠지고 실패를 맛본 후라도, 절대 이성을 잃어서는 안 된다. 그렇지 않으면 기사회생할 기회를 잃는 것은 물론, 더 이상 헤어나오기 힘든 나락으로 떨어질 수도 있다.

작은 위험요소라도 즉시 개선하라

위기는 종종 사물의 고요함 속에서 시작된다. 고요함 속에 숨어 있는 위기의 조짐을 제때 발견하지 못하면 위기는 끝이 없을 것이다. 일단 위기의 단서를 발견하고 위기의 전조(前兆)가 보이면 과감하게 조치를 취해야 한다.

특히 불확실한 미래를 향해 나아가는 기업 입장에서는 시장경쟁과 경영관리에서 신속하게 위기의 단서를 발견해야 한다. 앞으로 발생할지도 모르는 위기에 대해 정신적 무장은 물론 구체적이고 실천 가능한 예방조치를 취해야 하는 것이다. 그래야만 위기상황을 모면할 수 있다.

2000년 봄, 션쩐의 어느 회사에서 신입사원을 채용했다.

그들은 모두 고학력에 재능이 뛰어난 인재로 기술직과 관리직의 핵심인력이 될 사람들이었다. 그런데 그들이 출근한 지 며칠 지나지 않아 2명이 사직서를 냈고, 나머지 신입사원들도 분위기가 뒤숭숭했다. 그 회사의 부사장은 냉철한 통찰력으로 내부에 감도는 위기를 감지했다.

곧바로 직원회의가 열렸고, 부사장은 신입사원들과 같은 고향 출신인 리우에게 회의진행을 맡기고 자신은 뒤로 물러났다. 리우는 사회를 보면서 부사장의 뜻을 완곡하게 전달했다. 분위기는 화기애애했고, 리우는 직원 모두가 안심하고 일할 수 있기를 희망하며 무슨 문제가 있으면 언제든 털어놓으라는 회사 측의 입장을 전달했다.

얼마 지나지 않아 부사장은 근무태도가 모범적이고 능력이 뛰어난 한 직원에게 포상을 주었다. 그리고 일반직공에서 부장으로 승진한 2명의 직원이 회사에 대해 자신들이 느낀 바를 발표하게 했다. 여기에 더해 부사장은 두 명의 신입사원이 사표를 낸 경위를 직원들에게 해명했다.

"그들은 모두 자신의 능력과 지원한 부서가 맞지 않았기 때문에 사직한 것입니다. 직원 여러분, 업무에 어떤 문제가 있다면 직접 제 방으로 찾아와 말씀해주십시오. 언제든 환영입니다. 회사가 여러분을 위해 최대한 조정해나가겠습니다. 회사를 집처럼 편안히 생각하며 안심하고 일하십시오."

결국 그 회사는 부사장의 노련한 지혜와 설득력 있는 화술로 직원들의 불만을 잠재움으로써 위기를 극복할 수 있었다.

인간관계를 무시하고는 성공할 수 없다. 성공을 하려면 반드시 주변 사람들의 협조가 필요한 것이다. 하지만 인간관계라는 것은 언제 어느 때 틀어지고 꼬일지 모르므로 위기가 발생하기 전에 그 조짐을 파악하고 대응해나가야 한다. 특히 회사 경영자는 다음의 몇 가지 사항에 주의할 필요가 있다. 위기의 단서를 놓치면 문제가 커질 수도 있으므로 절대 경각심을 늦추면 안 된다.

첫째, 보고도 못 본 척한다. 이미 겉으로 드러난 위기의 전조에 무감각해져 주의를 기울이기는커녕 불리한 요인이 커지도록 내버려둔다.

둘째, 문제의 심각성을 인식하지 못하고 문제가 발생한 후, 잠재적인 영향을 무시해 적시에 사태를 해결하지 못한다.

셋째, 민첩하게 반응하지 못한다. 위기에 직면하면 당황하고 어찌할 줄 몰라 속수무책이다.

넷째, 편협한 시야로 문제를 바라본다. 문제의 한쪽 면만 바라보고 문제에 대해 좋은 쪽으로만 생각하며 안 좋은 점은 생각하지 않으려 한다.

NUMBER

6

실패 앞에 담담하라

사업의 성공 여부, 성공의 크기는 모두 얼마나 많은 난관과 어려움을 극복했는가에 달려 있다. 따라서 모든 창업자는 항상 실패의 가능성에 대해 열린 자세를 지니고 있어야 한다.

혼다그룹의 창립자인 혼다는 창업할 무렵 땡전 한 푼 없는 고학생이었다. 당시 피스톤링을 개발하겠다는 의욕에 차 있던 그는 아내의 패물을 팔아 마련한 돈으로 수년간 노력한 끝에 피스톤링을 고안하는 데 성공했다. 그는 그것이 반드시 기업들의 주목을 받으리라 자신했고 실패하리라고는 꿈에도 생각지 않았다. 그러나 혼다의 피스톤링에 대한 기업들의 반응은 싸늘했고 심지어 비웃기까지 했다.

이것이 혼다가 처음으로 경험한 실패였다.

세상에는 한 번의 실패만으로도 신념을 잃는 사람이 있지만, 혼다는 결코 실패에 무너지지 않았다. 오히려 그는 피스톤링의 결점을 분석하기 시작했고, 설계상의 결함을 발견해냈다. 그는 2년에 걸쳐 또다시 피스톤링 개발에 몰두했고 결국 완전한 제품을 만들어낼 수 있었다.

그 무렵, 혼다는 피스톤링 공장을 건설하고자 했지만 시멘트 공급이 원활치 못했다. 제2차 세계대전이 발발해 물자부족이 심각했던 터라 일본 정부는 혼다의 사업계획을 거들떠보지도 않았던 것이다. 모든 계획이 물거품이 될 상황이었지만, 그 어려움을 이겨낼 수 있도록 혼다에게 도움을 줄 사람은 아무도 없었다. 그러나 혼다는 결코 실의에 빠지지 않았다.

그는 정부가 시멘트를 배분해주지 않으리라는 것을 알고 직접 시멘트를 제조해 피스톤링 공장을 세우기로 했다. 그는 즉시 다양한 업종에서 일하는 친구들을 불러 모아 시멘트 제조방법을 연구했다. 그렇게 친구들과 함께 머리를 맞대고 밤낮으로 연구한 끝에 혼다는 시멘트를 제조하는 데 성공했고, 공장을 세워 피스톤링을 생산해냈다.

혼다의 이야기는 여기서 끝나지 않는다.

혼다는 모터사이클 제조업의 미래가 낙관적이라는 생각으로 은행에서 대출을 받아 공장을 지으려 했다. 그러나 은행은 그의 대출신청을 일언지하에 거절해버렸다. 그는 현실에 굴복하지 않고 다른 방법으로 돈을 마련할 수 있는 길을 찾아보았다. 그러다가 그는 모터사이클 매장을 경영하는 사장들에게 1만 8,000통의

서신을 보내 투자를 해달라고 부탁했다. 그중 1만 5,000명이 거절의 답장을 보내왔고, 3,000명이 투자를 희망했다. 혼다는 그 3,000명의 투자자가 마련해준 돈으로 모터사이클 공장을 세워 커다란 성공을 거두었다.

혼다의 사례에서 우리는 그의 성공비결을 찾아볼 수 있다.

그는 어떤 상황에서도 실의에 빠져 자신의 계획을 포기하지 않았다. 오히려 그는 실패에 좌절하기보다 그런 상황을 즐기며 실패의 원인을 되돌아보았다. 즉, 다른 사람에게 받은 냉대와 잠시 동안 겪는 실패를 '자극제'로 삼아 스스로를 단련한 것이다. 덕분에 혼다는 곤경을 헤쳐나와 결국 성공할 수 있었다.

성공이란 다른 사람에게 인정받는 것을 의미하지만, 우리는 다른 사람의 지지만 받고 살 수는 없다. 간혹 거절을 당할 때도 있는 것이다. 그런데 어떤 사람은 거절을 당하거나 반대에 부딪치면 하늘이 무너진 것처럼 자포자기 상태에 빠져 다른 사람이 구원해주기만을 기다린다. 이런 사람들은 반대나 거절을 생각하는 것조차 두려워하지만, 세상에 순풍에 돛 단 배처럼 평탄한 인생만 살아가는 사람이 어디 있겠는가. 그런 사람은 과거에도 없었고 현재도 없으며 미래에도 없을 것이다.

세상에 완벽한 사람은 없다. 그러므로 거절을 당하고 실패를 경험하는 것은 인지상정이다. 설사 그런 상황에 놓일지라도 우리는 타인이 나를 인정해줄 때까지 자신의 결점을 보완해나가야 한다. 그러면 곤경을 극복하는 것은 물론 좌절의 구렁텅이에서 허덕이는 악순환을 막을 수 있다.

다른 사람에게 인정받고 싶고, '지지'를 얻고 싶다면 또한 정말로 성공하고 싶다면 어려움과 좌절, 다른 사람의 '거절'을 두려워하면 안 된다. 오히려 '거절'을 분발의 초석으로 삼고, 부단히 발전을 향해 도전할 수 있어야 한다.

의욕적으로 중국시장에 진출한 어느 마케팅회사가 본토의 영업사원을 모집했다. 신입사원이 확보되자 영업부장은 직원들에게 영업노하우를 전수해주고 심리훈련을 시켰다. 또한 직접 영업사원들을 현장에 데리고 나가 상품을 판매해보도록 했다. 처음에 영업사원들은 용기백배하여 의욕에 넘쳤다. 그러나 하루가 지나도 영업사원 가운데 몇 명만 물건을 파는 데 성공했을 뿐, 나머지 직원들은 물건을 팔지 못했다. 점점 분위기가 가라앉자, 영업부장이 그들에게 물었다.

"이 일을 매일 해야 한다면 할 수 있겠는가?"

이 질문은 영업사원들로 하여금 많은 생각을 하게 했고, 훈련을 받던 영업사원 중 일부가 사퇴를 했다. 그리고 마지막까지 남은 사람은 두 부류로 나뉘어졌다.

첫 번째는 열정이 앞서 용감하게 앞으로만 나아가는 사람들이었다. 그러나 그들의 판매실적은 그리 좋지 않았다. 두 번째는 자신의 취약점을 끊임없이 반성하고 판매전략을 조정하는 사람들이었다. 이들의 판매실적은 수직상승했다.

영업사원들은 모두 크고 작은 실패와 충격을 경험했다. 그들이 선택한 직업, 즉 신흥시장에서 소비자들에게 익숙하지 않은 제품을 판매한다는 것은 쉬운 일이 아니었다. 무엇보다 그들은 고객이 신제품의 가치를 인정해 돈을 쓰고 싶도록 만들어야 했다. 설상가상으로 그들이 판매하는 상품은 기술수준이 상당히 높아 다른 상품에 비해 가격이 비싼 편이었다.

그들의 어려움과 좌절은 이미 예견된 것이었다. 그러나 이들이 역경과 좌절을 인식하는 방법은 모두 달랐다. 실패에 직면하여 그들이 보인 반응은 세 가지로 나타났다.

첫 번째 부류는 어려움을 겪자마자 팀에서 이탈했다. 이들은 충격을 받자 그 자리에 주저앉아 다시는 일어나지 못했다. 이런 사람들은 가장 곤경에 빠지기 쉬운 부류다. 인생의 역경을 뛰어넘지 못하기 때문에 영원히 성공과는 인연이 없을 것이다.

두 번째 부류는 열정이 앞서 앞으로만 돌진하며 실패의 원인에 대해서는 반성하지 않았다. 이들은 용기는 있지만 전략은 없다. 비록 죽을힘을 다해 잠깐은 성공할 수 있을지 모르지만, 성공으로 치러야 하는 대가는 만만치 않다. 또한 이들은 실패에 직면하면 육체적으로 힘쓸 뿐, 두뇌를 사용할 줄 몰라 여지없이 참패를 당하고 만다. 따라서 이들이 곤경에 빠질 확률은 성공할 확률보다 높다.

세 번째 부류는 좌절과 실패를 겪었을 때 부단히 자신의 결점을 보완하며 실패의 아킬레스건을 찾았다. 이들은 성공확률이 높고 곤경에 빠졌을 때 헤어나오지 못할 확률은 낮다. 설사 곤경에 빠질지라도 스스로의 힘으로 탈출한다. 앞의 두 부류와 비교해볼 때, 이들은 용기와 지혜를 두루 갖추고 있는 사람들이다.

세 부류의 사람들은 역경과 좌절의 상황에서 다른 태도를 보이며 그 결과에도 커다란 차이가 있다. 사실 이들이 직면한 실패는 일시적인 실패일 뿐이다. 일시적인 실패나 한두 번의 실패로 한 사람의 일생이 결정되는 것은 아니다. 성공한 사람들은 모두 무수한 실패를 겪은 후에 성공의 열매를 손에 쥔 것이다.

실패를 모르면 성공을 알 수 없다. 한 번의 실패로 신념을 잃고, 성공을 향해 도전하지 않는 것은 인생에서 성공할 수 있는 기회를 놓치는 것과 같다. 보다 많은 실패를 극복할수록 인생에서 성공할 수 있는 기회는 더 늘어난다. 이 원리는 사금을 캐는 것과 같다. 금을 채취할 때 보다 많은 모래를 채취해야 더 많은 금을 얻을 수 있다. 모래의 양과 금의 양은 정비례한다. 실패와 성공의 관계는 '모래와 금'의 관계와 같다.

첫 번째 부류처럼 실패를 겪은 후 뒷걸음질치는 사람이 잃는 것은 무엇일까?

그것은 인생에서 가장 귀중한 기회이다. 상품을 판매하면서 첫 번째 부류가 부딪친 상황은 나머지 두 번째, 세 번째 부류와 같다. 그런데 왜 첫 번째 부류는 기회를 포기하고 더 많은 사람들에게 상품을 소개하지 못했을까? 이들은 거절당하는 것을 두려워했으며, 더욱이 그 거절을 개인적인 체면이 깎이는 일로 받아들였다. 하지만 진정한 체면은 충분한 재력이 없으면 논할 가치조차 없다는 것은 왜 모를까?

두 번째 부류의 용기는 높이 살 만하다. 이들은 금이 모래 속에 묻혀 있다는 원리는 알고 있다. 하지만 모래를 채취하면 금이 나온다는 사실만 알 뿐 사금을 캐는 기술, 즉 효율을 높이는 방법은 모른다. 오직 힘으로만 일을 해결하려고 한다. 물론 때로는 힘이 유용하기도 하지만 매번 효과를 보는 것은 아니다. 힘뿐 아니라 두뇌를 활용할 줄 알아야 한다. 두 번째 부류는 두뇌를 사용하여 연구하고 분석하는 자세만 기르면 어려운 상황을 이겨내는 것이 더 쉬워지고 성공으로 가는 길이 좀더 평탄해질 것이다.

가장 바람직한 인간상은 세 번째 부류다. 이들은 실패를 두려워하지 않고 오히려 실패를 통해 자신의 단점을 보완해나간다. 이들은 마치 못을 뽑아내는 것처럼 실패에 대한 기억을 간단히 지워버린다. 동시에 못을 뽑을 때 지레의 원리를 이용하면 힘이 덜 든다는 것을 알고 있다. 심지어 못을 뽑은 자리가 깨끗이 아물도록 한다. 그래서 이들은 실패에 직면했을 때 신속하게 그것을 극복하고 더 빠른 속도로 성공을 향해 나아간다.

성공하려면 무엇보다 실패를 두려워해선 안 되며, '두려움'이라는 글자 자체를 마음속에서 지워버려야 한다. 또한 실패를 직시하고 그 원인을 연구해야 한다. 실패에서 경험과 교훈을 얻고, 실패를 통해 자신을 단련하여 실패를 극복하는 능력을 키워야 한다.

강자는 영원히 실패를 논하지 않는다.

4장

꼬일 대로 꼬인

상황, 통쾌하게

뒤집기

사업의 7할은 판단력, 3할은 포부다

아이아코카(Iacocca, Lido Anthony)는 뛰어난 경영전략가로 출기제승(出奇制勝; 상대방이 생각하지 못한 방법으로 승리하다)'을 실천한 대표적 인물이다. 그는 개척과 혁신을 추구했고 창의적인 사고방식으로 끊임없이 성공할 수 있는 환경을 조성해나갔다. 특히 그는 어떠한 역경에도 굴하지 않고, 생각한 것을 행동으로 옮기는 추진력 때문에 수많은 사람들의 기억 속에 '경영의 귀재'로 남아 있다.

1946년 8월, 아이아코카는 학교를 졸업하자마자 아버지가 교통비로 주신 50달러를 들고 미국의 2대 자동차 회사인 포드를 찾아가 세일즈맨이 되었다.

그 무렵, 포드자동차는 판매량을 늘리기 위해 자동차의 안전성을 대대적으로 홍보하기로 했다. 그러한 결정에 따라 포드 사는 안전설비(예를 들어 계기판에 충격흡수 매트를 설치함)를 홍보함과 동시에 미리 촬영해둔 홍보영상자료를 방영하면서 충격방지 매트의 뛰어난 흡수효과를 선전했다. 그 홍보영상에는 건물 2층 높이에서 달걀을 충격방지 매트 위에 떨어뜨려도 깨지지 않는 장면이 나왔다.

하지만 아이아코카는 지역판촉대회에서 그러한 영상자료를 방영하지 않고 직접 실연해 보이기로 했다. 그는 110명이나 되는 관중들 앞에서 몇 겹의 충격방지 매트를 무대 위에 설치한 후 자신이 직접 높은 곳에 올라가 달걀을 떨어뜨렸다. 그러나 첫 번째 시도에서 달걀이 매트 밖으로 떨어지는 바람에 무대는 온통 달걀 노른자로 뒤덮였다. 두 번째 달걀 역시 실수로 그를 도와주던 사람의 발등에 떨어졌고 관중들은 박장대소를 터뜨렸다. 세 번째, 네 번째 시도에서 달걀은 모두 매트 위로 떨어졌지만 안타깝게도 모두 깨져버렸다. 다섯 번째 시도에서 비로소 기대했던 대로 달걀이 매트 위로 가볍게 튕겨 올라 깨지지 않았다.

이날 아이아코카는 온몸이 달걀로 범벅이 되도록 쇼를 벌였지만, 포드자동차의 안전성을 홍보하기 위한 대회는 실패로 끝나고 말았다.

1950년대 초, 경제 불황의 여파로 포드자동차는 대규모 감원을 실시했다. 감원 과정에서 영업부는 3분의 1이나 되는 직원이 해고당했고, 아이아코카도 강등되었다. 그가 담당하는 지역의 영업실적이 전국에서 제일 낮았기 때문이다. 감원과 강등, 달걀사건, 영업실적의 부진으로 아이아코카는 많은 스트레스를 받았다. 그러한 상황을 이겨낼 방법을 모색하던 그는 프로모션의 상식을 깨고 새로운 프로모션 방안을 마련하여 현재의 난관을 타개하기로 결심했다. 그 새로운 프로모션 방안은 '56계획'이라고 불렸다.

고객에 대한 정확한 데이터와 고객의 심리상태 및 소비능력을 철저히 조사한 그는 1956년에 신차를 구매하는 고객들을 대상으로 '첫 달은 차 가격의 20퍼센트만 지불, 나머지 금액은 3년 동안 할부로 차 값을 상환하는 방법'을 실시하기로 결정했다. 한 달 상환금은 56달러 정도였는데, 그것은 고객들의 수요심리에 부합하고 자신의 업무에도 크게 도움이 되리라 믿었다.

아이아코카의 판단이 옳았다는 것은 현실로 입증되었다.

'1956'년에 실시된 '56달러'라는 신차 대출방식은 실시되자마자 고객의 폭발적인 호응을 얻었고, 그가 담당하던 필라델피아의 영업실적은 단숨에 1위로 등극했다. 그러자 포드자동차 본사에서는 그의 아이디어를 회사 전체의 판촉계획에 포함시켰고, 결국 포드자동차의 매출액은 큰 폭으로 늘어났다.

그렇게 아이아코카는 입사한 지 10년 만에 비로소 빛을 보게 된 것이다. 성공은 그에게 부와 사회적 지위, 권리 등 모든 것을 가져다주었다.

이렇듯 아이아코카가 성공한 데는 현명한 판단력이 한몫했음을 알 수 있다. 대부분의 사람들은 창조적인 아이디어를 낼 때 과감하게 결단하지 못해 기회와 부를 동시에 놓친다. 물론 정확한 의사결정을 내리는 데 정해진 공식이 있는 것은 아니다. 단지, 의사결정의 숙련도를 높이기 위해 여러 가지 의사결정방법을 배워야 한다. 어떤 상황에서든 현재 직면한 문제를 기초로 하여 세워진 구체적인 방법이야말로 정확한 판단이 될 수 있다.

의사결정에 굳이 공식을 만들자면 '7할의 판단력, 3할의 포부'라고 할 수 있다. 이때, 판단력은 과학적이고 치밀해야 하며 숫자개념으로 나타낼 수 있어야 한다. 포부는 경험과 영감으로부터 생겨나는 대담함을 말한다. 다시 말해 성공은 7할의 과학과 3할의 영감으로 정의할 수 있다.

사람들은 지속적으로 이익을 낼 수 있는 장사는 모두 하고 싶어 하지만, 손해보는 장사는 아무도 하려 들지 않는다. 그렇다면 이익과 손실이 생기는 구체적인 손익분기점은 어디일까? 그것은 수학적인 계산을 거쳐야 산출할 수 있다. 따라서 부자는 숫자개념, 즉 각종 백분율, 지수 등에 대해 정확한 개념을 지니고 있어야 한다. 그렇지 않으면 어둠 속에서 라이트를 켜지 않고 운전하는 자동차처럼 항상 위험에 노출되게 된다.

숫자의 운용, 분석과 연구, 토론을 통한 경영방침의 결정 등은 경영자의 중요한 임무다. 그리고 과학적인 사고와 방법을 적용시킨 뒤에는 반드시 경험과 영감이 가미되어야 한다.

파트너, 협력의 또 다른 이름

한 사람의 의지와 경제력에는 한계가 있기 마련이고, 치열한 시장경쟁에서 일단 패배하면 다시 일어서기란 매우 힘들다. 따라서 홀로 고군분투하는 것보다 파트너를 찾아 함께 능력과 지혜를 합치는 것도 바람직하다. 두 사람이 힘을 합치면 성공 기회를 더 빨리 잡을 수 있다.

예를 들어 책을 쓸 때 두 사람이 머리를 맞대고 작품의 내용과 줄거리, 취사선택 문제를 연구한다면 그 창작물은 더욱 빛을 발하게 될 것이다. 이것은 농구를 할 때, 한 명이 먼저 슛을 쏘면 다른 한 명이 밑에서 리바운드를 하는 것에 비유할 수 있다.

만약 한 사람의 아이디어가 다른 사람의 공감을 얻는다면 재빠르게 일을 처리하면 되고, 아이디어가 합당하지 않다거나 현실에 맞지 않다면 다각도로 문제를 바라보고 해결해나가면 된다.

이러한 장점 때문에 특히 전문직에 종사하는 사람들은 파트너와 함께 일하는 경우가 많다. 음악, TV드라마, 영화 등이 그 대표적인 예이다. 비즈니스계에도 가히 파트너시대가 왔다고 해도 좋을 정도로 여러 분야에서 협력경영이 날로 보편화하고 있다.

이러한 현상이 나타나는 이유는 파트너간에 적절한 협력을 도모하는 것이 성공가능성을 한층 더 높여주기 때문이다. 이미 음악계에서는 보편화된 현상이다. 예를 들어 한 사람이 작사를 하면 다른 사람은 작곡을 한다. 또한 음악밴드는 업무분업이 잘 되어야 할 뿐 아니라 높은 음악적 소양을 가진 사람들이 함께 작업해야 한다.

1920년대에서 1930년 사이 리처드 로저스와 로렌츠 하트는 불세출의 명콤비로서 〈팰 조이(1940)〉, 〈코네티컷 양키(1927)〉, 〈시러큐스에서 온 사나이들(1938)〉 등의 뮤지컬을 만들어 관객들에게 큰 사랑을 받았다. 그 후, 그들은 1943년 하트가 세상을 떠날 때까지 명콤비로서 7편의 할리우드 영화도 제작했다.

로저스의 두 번째 파트너는 해머스타인 주니어였다. 그들이 제작한 첫 번째 작품은 퓰리처상을 수상한 〈오클라호마〉다. 계속해서 그들은 극본까지 써 박스오피스 신기록을 세운 〈남태평양〉, 〈왕과 나〉, 〈사운드 오브 뮤직〉 등 굵직굵직한 뮤지컬을 제작했다.

이처럼 파트너 관계가 잘 유지되면 성공적인 결과를 낳지만, 반면 파트너십이 한 번 깨지면 예상치 못한 어려움을 겪을 수도 있다.

사이먼과 가펑클은 고향친구로 24세 되던 해에 함께 〈Sound of silence〉라는 곡을 내놓아 인기순위 1위를 차지할 정도로 크게 히트를 했다. 이후로 그들은 계속해서 팝음악계의 신기록을 세워나갔고 〈Homeward bound〉, 〈I am a rock〉은 사람들의 입을 오르내리며 큰 인기를 끌었다. 또한 영화 〈졸업〉에서 그들이 부른 〈Mrs. Robinson〉이란 삽입곡은 나오자마자 전국의 인기를 휩쓸었다. 두 사람의 앨범 〈Bridge over troubled waters〉는 5개 그래미상을 수상했을 뿐 아니라 1,500만 장이 팔려나갔다. 그러나 이 앨범은 이 콤비가 남긴 마지막 앨범이 되었다.

두 사람은 29세 되던 해 결별했고, 이후 콤비로 활동할 때만큼 성공을 거두지 못했다. 두 사람이 콤비였을 때, 사이먼은 작곡을 했고 가펑클은 노래를 부르며 환상의 화음을 만들어나갔다. 즉, 한 사람은 무대 뒤에서 작곡가로, 다른 한 사람은 무대에서 가수로 활동했던 것이다. 훗날 사이먼은 〈Bridge over troubled waters〉 이야기를 꺼내면서 매우 아쉬운 표정으로 말했다.

"이 곡은 제가 작곡했지만 가펑클만이 이 노래에 생기를 불어넣을 수 있다는 것을 알았습니다. 하지만 그는 스타로 성공한 반면 저는 무대 뒤편에서 찬밥 신세로 남을 수밖에 없었죠. 모든 영광이 가펑클 한 사람에게 돌아갔고, 그것을 지켜보는 것은 저를 견딜 수 없게 만들었습니다."

결국 완벽한 콤비였던 두 사람은 성공과 동시에 결별하고 말았다.

지속적인 협력관계를 유지하려면 파트너 중 한 명은 자존심과 개성을 양보해야 하고, 그 모든 것을 가슴 깊이 묻어두어야 한다. 자존심은 성공의 원동력이 될 수도 있지만, 그것을 자제하지 못하면 오히려 해를 끼칠 수도 있다.

자신을 최고로 이끌어줄 파트너를 찾았다면 절대로 그를 포기하지 마라. 경솔하게 파트너를 바꿔서도 안 된다. 사이먼은 결별을 아쉬워하며 이렇게 말했다.

"〈Bridge over troubled waters〉의 녹음을 끝으로 우리는 결별을 선언했습니다. 그 당시 우리는 너무 젊었고 양보와 인내심을 알지 못했습니다. 우리는 평생 파트너로 활동했어야 했습니다."

협력의 파워는 두 사람의 상부상조와 상호작용에서 생겨난다. 개인의 능력이 아무리 뛰어나도 협력하는 것만큼은 못 된다. 이것은 어느 멀티미디어 전문가가 말한 것처럼 '제3의 인상'과 같다. 즉, 이는 한 슬라이드 필름에 다른 슬라이드 필름을 겹쳤을 때 나타나는 오버랩된 화면을 말한다.

물론 비즈니스 세계에서 장기간 파트너십을 유지한다는 것은 결코 쉬운 일이 아니다. 사공이 많으면 배가 산으로 가기 때문이다. 바로 그렇기 때문에 비즈니스 세계에서의 협력은 아무도 개간하지 않은 처녀지와 같다. 따라서 황무지를 개간하려는 의지를 가진 사람에게 협력은 건설적 의미를 가진 결과를 낳을 수도 있다.

파트너를 찾을 때는 무엇보다 넓은 도량과 겸손한 태도를 가져야 한다. 특히 파트너를 찾기에 앞서 친구가 될 수 있는 사람을 찾아야 한다. 또한 파트너는 분명 경쟁상대가 아니라는 것을 인식하고 상대의 의견을 존중하려는 자세를 지녀야 한다.

전쟁터나 다름없는 비즈니스 세계에서 마음이 맞는 파트너를 구할 수만 있다면 마치 날개를 단 듯 마음껏 능력을 펼쳐보일 수 있을 것이다.

NUMBER

3

가끔은 상식 밖에서 살아라

중소기업 혹은 그보다 더 작은 소규모 기업이 대기업들 사이에서 생존하고 발전하여 성공을 거두려면 끊임없이 창의적인 노력을 기울여야 한다.

1957년, 타이베이시 제십신용사(第十信用社)의 회장으로 취임한 차이완춘의 표정은 숙연하기만 했다. 신용 좋고 자금력이 탄탄한 대형 은행에 밀려 그다지 실적이 좋지 않은 상황에서 취임을 했기 때문이다. 하지만 그는 대형 은행에도 분명 허점은 있을 거라고 굳게 믿었다. 활로를 찾기 위해 고심하던 차이완춘은 시민들 곁으로 좀더 가까이 다가가 대화를 나누고 동료들과 의논을 한 결과, 대형 은행들이 소홀히 하는 잠재력이 큰 시장을 발견하게 되었다. 그것은 소규모 영세고객을 상대로 서비스를 제공하는 것이었다.

일단 시장을 발견한 차이완춘은 1위안을 가지고도 계좌를 열

수 있는 '행복예금'을 대대적으로 홍보했다. 거리는 물론 버스정류장, 상점 건물 앞 등 사람이 모이는 곳이면 어디든 진심과 열정을 담아 '1위안 계좌'의 장점을 홍보하는 제십신용사 직원들을 만날 수 있었다. 그뿐 아니라 사람들이 눈길을 던지는 곳마다 각종 홍보물을 부착했다.

이들의 홍보활동을 보며 금융업계 인사들은 코웃음을 쳤다. 그들은 모두 차이완춘이 쓸데없는 짓을 하고 있다고 비웃으며 "1위안 계좌라고? 수수료도 안 나오겠군"이라고 말했다.

그러나 '정성이 지극하면 하늘도 움직인다'는 말처럼 기적이 일어났다. 가정주부, 소규모 상점, 학생들이 앞다퉈 제십신용사의 행복계좌를 개설했던 것이다. 은행 입구에는 예금을 하려는 사람들로 북새통을 이루었고 그 기세는 쉽게 수그러들지 않았다. 얼마 지나지 않아 제십신용사는 타이베이시에서 이름을 떨쳤고, 예금액은 계속 증가했다.

성공의 첫 발을 내디딘 차이완춘은 자신감으로 가득 차, 다른 사람의 뒤를 쫓을 것이 아니라 새로운 길을 찾아야 한다는 생각으로 또다시 시장을 모색했다. 시장을 치밀하게 관찰하고 분석한 그는 결국 다른 은행들이 생각지도 못한 시장을 또 발견했다. 그것은 바로 야시장이었다. 남들이 잠자는 시간에 불야성을 이루는 야시장은 낮 시장 못지않게 번화했지만, 은행들은 저녁에는 영업을 하지 않았다.

차이완춘은 다시 한 번 야심차게 야간영업을 시작하였다. 이러한 활동에 대해 타이베이시의 각계각층에서 찬사를 보냈고, 많은 사업가들이 야시장의 은행업무를 위해 제십신용사에 계좌를 개설했다. 동시에 제십신용사의 명성은 타이베이 전역으로 퍼져나갔다.

작은 물줄기가 모여 바다를 이루듯 어느덧 제십신용사는 17개 영업점에 10만 명의 직원 그리고 예금유치액이 170억 뉴타이완 달러에 달하는 대기업이 되었고 대만 신용합작사 중 1위로 등극했다.

거대한 자금력을 갖게 된 차이완춘은 새로운 계획을 세우기 위해 1962년 일본을 방문했다. 그곳에서 그는 금융가의 고층건물들을 보고 깊은 인상을 받았다. 더불어 그러한 건물을 보면서 사람들이 갖게 될 믿음이나 확고한 인상에 대해 생각해보았다.

타이베이로 돌아온 그는 거금을 들여 번화가에 고층건물을 세웠다. 이전에 차이완춘을 비웃던 금융계 인사들은 다시 한 번 그의 행동에 조소를 보냈다. 그러나 그것은 잠깐뿐이었다. 고층건물에 깊은 인상을 받은 고객들은 속속 제십신용사로 향했고, 대형 은행은 빠져나가는 고객을 막지 못해 발을 동동 굴러야 했던 것이다.

아무리 작은 것일지라도 창의적인 사고는 치열한 경쟁을 이겨내는 토대가 된다. 옛 것을 답습하며 전통모델만을 고집하는 것보다 작은 것이라도 창의적인 사고를 실천하는 것이 훨씬 낫다.

또한 동일한 경쟁조건이라면 창의적인 사고방식을 지닌 사람이 훨씬 유리하다. 다른 사람보다 앞서 경쟁의 우위를 점하는 것은 물론 독점적 승리를 거둘 수 있기 때문이다.

중국에서 주류박람회가 열리자, 전국의 수많은 주류생산업자들이 몰려들어 성황을 이뤘다. 그중에는 이름이 알려지지 않은 한 소규모 주류회사도 포함되어 있었는데, 이들에게 배정된 부스는 너무 작았고 그것도 박람회장 모서리에 위치해 있었다. 더욱이 그 회사는 전통기법으로 온갖 노력 끝에 고급술을 양조했지만, 판매상들은 이름이 알려지지 않았다는 이유만으로 그것을 외면했다.

박람회가 끝나갈 무렵까지 그 회사의 상품을 찾는 사람은 아무도 없었고, 소득도 얻지 못했다. 그저 속수무책으로 불티나게 팔려나가는 다른 부스의 상품들만 바라보는 수밖에 없었다. 그때 갑자기 판매 부서 과장에게 좋은 아이디어가 떠올랐다. 그는 회심의 미소를 지으며 공장장에게 말했다.

"제가 한 번 일을 만들어보겠습니다."

과장은 술 두 병을 주머니에 넣고 박람회 홀 중앙으로 걸어나갔다. 공장장은 도무지 무슨 영문인지 모르겠다는 표정을 지으며 물끄러미 쳐다볼 뿐이었다. 홀 중앙에 이른 과장은 사람들이 몰려 있는 곳으로 가더니 갑자기 실수로 그러는 척하며 술 두 병을 바닥에 떨어뜨렸다. 병은 박살이 났고 갑자기 홀 안에 술 향기가 사방으로 퍼져나갔다.

박람회에 참가한 사람들은 모두 술 전문가들이었던 터라 향기만으로도 그것이 얼마나 좋은 술인지 금방 알아차렸다. 술 향기를 맡고 그것이 명주(名酒)라는 것을 단박에 알아차린 사람들은 그 회사의 부스를 찾았고, 채 한 시간도 안 되어 술은 모두 팔려나갔다. 판매상들이 술을 더 판매하라고 아우성을 쳤지만, 공장장은 술의 품질을 보장하기 위해 생산 규모를 늘릴 수 없다고 잘라 말했다. 판매상들은 그저 속수무책으로 기다리는 수밖에 없었다. 그때부터 그 회사의 술 브랜드는 이름을 떨쳤고 상품은 없어서 못 팔 정도가 되었다.

이것이 바로 창의적인 사고의 힘이다.

경험이 풍부한 사람은 전통과 상식에 얽매이기 때문에 창의적인 마인드가 부족한 편이다. 그러나 이제 막 사업을 시작한 사람이라면 충분히 창의력을 발휘할 수 있을 것이다. 특히 오늘날에는 생존과 발전을 위해 창의적인 사고가 필수적이다.

협상, 이기지 말고 이끌어라

사업에서 '협상'은 피할 수 없으며 그것은 가장 중요한 활동 가운데 하나이다. 특히 사업가들은 상대방이 우위를 점한 상태에서 어떻게 하면 이쪽의 계약조건을 수용하게 할 것인지 그리고 어떻게 하면 협상에서 이길 수 있는지에 대해 고민한다.

홍콩의 거상 차오광비아오는 최초로 모방직공장을 세웠고, 중국에서는 처음으로 구상무역(求償貿易; 두 나라가 협정을 맺어 일정 기간 동안 수출과 수입을 균등하게 하여 결제자금이 필요하지 않도록 결정한 무역)을 시도했다. 그의 사업은 무역, 금융, 부동산, 관광, 하이테크 등의 분야에서 국경을 넘어 활발히 이루어지고 있으며, 직원 수도 만 명이 넘고 연 생산액이 수십 억 홍콩달러에 이른다.

풍부한 노하우와 재력, 능력을 지닌 차오광비아오는 홍콩에 중국인들이 세운 항공회사가 없음에 주목했다. 당시 홍콩은 중국에

반환되기 전이었고 동남아항공의 허브로써 공항물류 세계 1위, 승객운송 세계 7위였다. 세계 30여 개국의 항공회사들이 홍콩 공항을 사용하고 있었던 것이다. 매주 출항하는 비행기 편수만도 100대가 넘었고, 오대주 80여 개국 도시로 운항하고 있었다. 그래도 넘치는 수요를 충족시키기 어려웠고 발전의 여지가 풍부한 매력적인 사업이었다. 더욱이 홍콩은 전 세계 무역·금융의 중심지로 그 위치가 확고했다.

커다란 이윤은 항상 상인들로 하여금 발빠르게 움직일 수 있는 동기를 제공한다. 차오광비아오는 신속하게 바오왕강을 비롯한 몇몇 큰 회사들과 손을 잡고 중국 항공회사를 설립하였다. 그것이 바로 드래곤에어(Dragon Air)다. 워낙 자금력이 풍부했기 때문에 준비작업은 어렵지 않았으나 영업개시는 쉬운 일이 아니었다. 당시만 해도 홍콩의 항공업은 영국 자본의 절대적인 지원을 받는 케세이퍼시픽 사가 거의 독점하다시피 했던 것이다. 드래곤에어 사는 영국의 편향된 정책으로 인해 충분한 지원을 받지 못했고, 영업허가마저 내주지 않아 상당히 곤란한 상황에 놓이게 되었다.

홍콩 당국은 이런 이유를 대며 딱 잘라 영업허가를 거절했다.

"홍콩에는 이미 경영실적이 좋은 케세이퍼시픽이 있습니다."

그래도 드래곤에어는 회사설립의 권리를 확고하게 주장했다.

"시장경쟁은 공평하게 이루어져야 합니다. 적자생존은 자연의 법칙이지 인위적인 세력이 개입되어서는 안 됩니다."

"케세이퍼시픽 사를 지원하는 것은 당국의 항공정책입니다."

"모든 사람이 최고법의 보호를 받을 권리가 있습니다. 자유무역을 방해하는 자는 누구든 법의 심판을 받아야 합니다."

홍콩 당국이 완강하게 나오자 결국 드래곤에어 사는 당국을 기소하였다. 소송은 반년 간이나 진행되었고, 결국 당국은 사업을 막을 합당한 이유를 찾아내지 못해 드래곤에어 사의 영업을 허가할 수밖에 없었다. 그런데 차오광비아오가 홍콩 전역을 찾아다니며 착실히 준비를 끝내놓았을 무렵, 홍콩의 공항허가국은 또다시 드래곤에어를 난처하게 만들었다.

그들은 남아메리카나 서아프리카 등 운행이 적은 노선만을 허가해 드래곤에어 사를 개항 초기부터 적자의 늪에서 허덕이게 했던 것이다. 그 노선은 오히려 운항수가 많으면 많을수록 적자가 늘어났다. 드래곤에어 사는 인기노선의 영업허가를 받기 위해 다시 한 번 당국에 교섭을 신청할 수밖에 없었다.

"공정경쟁의 원칙에 의거해 본사는 미국으로의 항로허가를 신청하는 바입니다."

"안 됩니다. 한 항공노선에 한 항공사만 운행할 수 있습니다. 홍콩-미국 노선은 이미 케세이퍼시픽 항공사가 운항하고 있습니다."

"왜 항공노선이 한 회사에 의해 독점되어야 합니까?"

"이것은 규정입니다. 본사무소는 허가와 관련된 업무만을 담당합니다."

할 수 없이 차오광비아오는 일본 및 중국 등 여행객 수가 비교적 많은 항공노선의 허가를 신청했다. 그러나 이것마저 규정에 부합하지 않는다는 이유로 거절당했다. 그는 온갖 수단과 방법을 동원했지만 당국과 합의할 기회조차 얻지 못했다.

여러 차례 수난과 모욕을 당하고 기소할 방법조차 막혀버린 상황에서 그는 교섭을 재개할 좋은 아이디어를 떠올렸다. 그는 교섭 테이블에서 반드시 얻어야 할 결과를 얻지 못한 데 대해 담화문을 발표하고 서신을 작성하여 여러 기관에 보냈던 것이다. 또한 사회와 여론에 호소하며 홍콩인의 공정성을 자극하였다. 그 서신에는 사업규정과 관련된 불합리한 내용과 당국의 편향된 정책, 드래곤에어 사에 협박성 경고를 한 것 등의 내용이 담겨 있었다.

결국 여론에 손을 든 홍콩 당국은 불편한 심기를 참고 어쩔 수 없이 교섭을 제기했고, 한 번의 교섭이 끝날 때마다 차오광비아오는 항로허가증을 하나씩 손에 넣을 수 있었다. 동남아, 일본, 미국, 중국대륙 심지어 네팔 항공노선 허가증까지 차례로 따냈던 것이다.

상대방이 일방적으로 교섭을 거절하고 대화를 외면하면, 외부의 힘과 압력을 이용해서라도 협상을 재기해 목적을 달성해야 한다.

돈 때문에 사람을 잃지 마라

비즈니스 관계에서 볼 때, 물건을 판매하는 사람은 높은 가격을 받고 싶어하고, 물건을 구매하는 사람은 품질 좋은 것을 싼 값에 구매하기를 원한다. 그렇다면 어떻게 해야 양쪽을 모두 만족시킬 수 있을까? 무엇보다 중요한 것은 어떤 상황에서든 '원만한 인간관계를 최고의 덕목으로 삼고 돈 때문에 가까운 사람을 외면하면 안 된다는 것'이다.

그런 의미에서 다음에 제시하는 다섯 가지 사항에 주의할 필요가 있다.

첫째, 바이어가 물건가격을 문의해왔을 때는 기지를 발휘하라.

상품의 사용효과에 대한 설명을 듣고 나서 바이어가 그 상품에 관심이 있다면 이렇게 물어올 것이다.

"가격이 얼마입니까?"

바이어의 이런 질문에 어떻게 대답해야 할까? 물론 그때그때의 상황에 따라 대답은 달라져야 한다. 만약 바이어가 너무 일찍 가격에 대한 이야기를 꺼낸다면 판매직원은 직접적으로 가격에 대해 언급하는 것을 최대한 자제하고 능동적으로 반문하는 것이 좋다. 예를 들면 "당신이 어떤 모델을 선택하느냐에 따라 달라집니다" 그런 다음 재빨리 대화의 주제를 원점으로 돌려 상품의 효과와 기능을 계속 설명해야 한다. 그래도 바이어가 끈질기게 가격에 대해 물어본다면 곧바로 대답을 해주어야 한다.

구체적으로 선택할 수 있는 가능성은 다음과 같다.

① 바이어가 원하는 가격을 직접 물어본다.

② 반문을 한다. "정말 이 상품을 원하십니까? 어떤 모델을 원하시죠?"

③ 직접적으로 대답하지 않고 물건을 구매한다고 할 때까지 계속 유도질문을 한다. "얼마나 주문하실 겁니까?"

이 세 가지 가능성의 장단점을 비교해보자. 첫 번째 방법에서 바이어는 아마도 "다시 생각해봅시다"라고 대답할 것이다. 만약 두 번째 방법을 선택한다면 바이어의 반응은 "아닙니다. 그냥 한 번 물어본 것입니다" 혹은 "아직 결정하지 못했습니다"일 것이다. 세 번째 경우에는 구입 여부에 대해 대화를 나누다가 구입하는 쪽으로 자연스럽게 대화가 흘러갈 것이다. 그것은 대화의 주제가 '얼마나 구입할 것인가?'로 바뀌었기 때문이다. 따라서 판매직원은 바이어가 상품에 흥미를 갖는 유리한 기회를 포착해야 한다.

또한 바이어가 가격을 문의할 때, 기지를 발휘하여 바이어가 상품을 구매하고 싶도록 만들어야 한다.

둘째, 바이어가 상품가격이 높다고 여기면 품질의 차별성을 강조하라.

아마도 판매직원이 제시하는 가격은 합리적이고 소매점의 비슷한 상품 혹은 동일 상품보다 더 저렴할 것이다. 그러나 바이어는 그런 상황을 이해하지 못해 가격이 너무 높다고 여기며 수용하지 않을 수도 있다. 이때, 판매직원은 인내심을 가지고 설명하되 너무 간단하게 말해서는 안 된다. "이 가격은 비싼 게 아닙니다"라고 말하는 것보다 다음의 방법으로 설명하는 것이 훨씬 효과적이다.

① 비교법

동일상품 혹은 비슷한 상품 중 가격이 가장 높거나 높은 편에 속하는 상품을 찾아내 판매하려는 상품의 가격과 비교한다. 물론 판매하려는 물건의 가격이 더 저렴할 것이고 바이어는 그 가격을 쉽게 수용할 것이다. 이를 위해 판매직원은 평소에 관련 자료를 꼼꼼히 수집해두어야 한다.

② 성능과 효과 강조

판매하려는 상품가격이 높은 편이라면 동일 상품 혹은 동종 상품 중에 품질이 떨어지는 상품을 찾아 그것과 비교한다. 또한 동종 상품의 성능에서 취약점을 찾아내 비교하면서 판매하려는 상품의 효용이 뛰어남을 거듭 소개하라. 그러면 가격에 대한 불만을 다소 해소시킬 수 있다.

③ 보완점의 모색

판매직원은 바이어에게 가격요인을 상쇄시킬 수 있는 요소를 반복적으로 강조해야 한다. 그러한 요소에는 품질, 효능, 기능, A/S 등이 있다.

④ 기지가 넘치는 설명

판매직원이 제품의 가격과 사용수명을 함께 묶어 설명한다면 아마 효과적일 것이다. 예를 들어 바이어가 120위안의 압력밥솥을 비싸다고 생각한다면, 이렇게 설명할 수 있다.

"이 압력밥솥은 적어도 10년 이상 사용할 수 있습니다. 10년을 기준으로 생각해볼 때 1년에 12위안을 쓰는 셈입니다. 그러나 이 밥솥으로 절약되는 연료가격, 조리시간은 돈으로 환산할 수 없습니다."

이렇게 설명하는 것이 훨씬 효과적이지 않겠는가?

셋째, '적극적인 가격전략'으로 고객을 유도하면 가격에 대한 관심이 줄어든다.

'적극적인 가격전략'이란 바이어(고객)가 원하는 상품가격을 말한다. 똑같은 상품에 똑같은 가격일지라도 보는 사람에 따라 느끼는 감각은 다르다. 어떤 사람은 비싸다고 하고 또 어떤 사람은 저렴하다고 하는 것이다. 이는 사람마다 상품을 다르게 평가하기 때문이며 상품가격 그 자체에는 문제가 없다.

가격이 비싸도 판매하려는 상품이 바이어의 수요를 충분히 만족시킬 수 있다면, 소비자는 절대로 비싸다고 생각하지 않는다. 반대로 제품이 소비자에게 별로 필요없는 물건이라면 가격이 아무리 싸도 소비자는 비싸다고 생각한다. 그렇기 때문에 판매과정에서 '적극적인 소비'는 상당히 중요한 개념이다.

만약 판매하려는 상품이 고객이 갖고 싶어하는 것이라면 상품가격이 소비자에게 미치는 영향은 그리 크지 않다. 바이어가 그 상품을 절실히 원한다면 가격요소는 뒤로 제쳐둔다.

반대로 판매하려는 상품에 '적극적인 가격전략'이 없다면 판매가 힘들어진다. 가격과 관계없이 바이어는 상품을 구매하고 싶어하지 않기 때문이다. 이럴 경우에는 판매상품이 '적극적인 가격전략'을 갖도록 방법을 생각해내는 것이 관건이다. 즉 '적극적인 가격전략'으로 바이어가 상품을 갖고 싶도록 만들어야 한다.

또한 판매과정에서 판매직원의 설득력으로 바이어의 구매를 유도해야 한다. 이때, 판매의 중점은 가격이 아닌 상품의 사용가치에 두는 것이 좋다.

넷째, 바이어가 가격에 대해 보이는 민감도를 이용하라.

가격 민감도란 바이어가 가격에 보이는 반응정도가 심리적으로 다른 것을 가리킨다. 바이어는 어떤 상품에 대한 가격에는 민감한 반응을 보이고, 또 어떤 상품에 대해서는 민감하지 않다. 판매직원이 판매업무를 잘하기 위해서는 바이어의 가격 민감도에 영향을 미치는 요소가 무엇인지 파악해야 한다.

일반적으로 바이어의 가격 민감도는 다음과 같은 요소에 의해 영향을 받는다.

① 상품의 품질

우수한 품질, 심리적 · 물리적 욕구 충족, 높은 사용가치를 만족시키는 제품이라면 바이어는 가격에 별로 민감하지 않다. 반대로 품질이 떨어지면 바이어는 가격에 매우 민감해진다.

② 상품의 등급

일반적으로 상품의 등급이 높으면 바이어는 가격에 별로 민감하지 않다. 상품의 등급이 낮으면 바이어는 가격에 민감한 반응을 보인다. 이것은 보통 소비자들의 소비수준에 따라 발생하는 변수다. 고급상품은 일반적으로 구매력이 높은 바이어가 구매하고, 높은 가격도 개의치 않는다. 오히려 가격이 높을수록 존중받고 자기과시를 하고 싶은 소비심리를 충족시켜준다. 반대로 저급상품을 구매하는 바이어의 구매력은 대부분 보통 수준이다. 그들의 소비심리는 저렴한 것을 원하며 이 때문에 가격에 대해 민감하다.

③ 상품의 구매빈도

상품의 구매빈도란 상품이 일정기간 동안 반복 구매되는 횟수를 말한다. 일반적으로 구매빈도가 높은 상품은 바이어가 가격에 민감한 반응을 보이는 경우가 많다. 구매빈도가 낮은 상품은 바이어의 가격반응 민감도가 낮다. 예를 들면 일상생활용품의 구매빈도는 비교적 높고, 바이어가 심리적 가격 마지노선을 이미 정해두고 있기 때문에 가격변화에 대한 민감도가 높다. 반대로 구매빈도가 낮은 상품은 구매가 자주 일어나는 상품이 아니기 때문에 품질이 수요를 만족시키기만 한다면 가격이 조금 비싸도 소비자들은 별로 개의치 않는다.

④ 상품에 대한 바이어의 수요지수

상품에 대한 바이어의 수요지수가 높으면 가격에 대한 민감도는 매우 낮다. 바이어가 상품을 사고 싶을 때 그가 관심을 갖는 부분은 상품을 살 수 있는지 없는지이며 상품가격은 개의치 않는다.

⑤ 서비스의 질

판매직원이 바이어에게 상품을 판매할 때 양질의 서비스를 함께 제공할 수 있다. 바이어에게 좋은 제안을 하고 도움을 준다면 바이어는 매우 만족스러워할 것이다. 바이어는 특별서비스를 받으면 가격에서 우대를 받았다고 생각하기 때문에 상품의 가격이 높아도 구입하기를 원한다. 예를 들어 판매직원이 상품을 판매할 때 바이어에게 판매한 물건이 한 치의 오차도 없는 진품임을 보증하고 만약 그렇지 않다면 반품 · 교환 · 배상이 가능하다는 보증서를 준다면, 바이어는 가격에서 우대를 받았다고 생각해 흔쾌히 제품을 구매한다.

다섯째, 상품가격이 높을 때는 '충격을 완화하는' 화법을 이용해야 한다.

"가격이 조금 비싸도 매우 견고합니다."

"매우 견고하지만 가격이 조금 비쌉니다."

이 두 화법의 차이는 앞뒤 위치를 바꾼 것밖에 없지만, 고객에게 주는 느낌은 완전히 다르다. 전자는 '가격이 비싸지만 상품이 견고하다'는 것을 강조했고, 후자는 고객에게 '견고하지만 가격이 비싸다'는 인상을 강하게 남겼다. 후자의 경우는 판매에 이로울 것이 없다.

이처럼 잘 안 팔리는 상품과 가격이 비싼 상품은 충격을 완화하는 화술로 고객을 설득해야 한다.

NUMBER 6

경쟁에도 협력이 필요하다

경쟁은 생존의 수단이자 사회의 발전을 이끄는 요소이긴 하지만, 경쟁을 위한 경쟁을 벌이면 발전 방향을 잃고 승리할 기회마저 놓칠 수 있다.

일본의 소니 사는 캠코더에서 베타(Beta)방식을 개발한 후, 캠코더 시장을 독식하고 싶어 기술을 경쟁사와 공유하지 않았다. 물론 이를 통해 소니는 엄청난 이윤을 얻을 수 있었다. 반면, JVC 사의 VHS방식은 소니와 대적하기에는 생산품질이나 기술면에서 모두 뒤처졌기 때문에, 소니의 독점구조를 무너뜨리기 위해 어떻게 해서든 새로운 방식을 개발해야만 했다.

고심하던 JVC 사는 기술방식을 공개하여 다른 대기업들과 공조를 이뤘고 이들은 방대한 규모의 기술그룹을 형성했다. 덕분에 JVC 사는 세계 유수의 전자 회사들이 개발한 기술을 공유할 수 있었고, 더불어 JVC의 VHS방식을 채택하는 기업이 점점 늘어났다. 그로 인해 소니는 서서히 고립상태에 빠져들었다. VHS방식을 채택한 기술그룹의 규모는 굉장히 컸기 때문에 승패 여부가 극명하게 드러났고, 소니는 열세에 놓이게 되었다.

이때, 만약 소니가 즉시 다른 회사와 협조를 도모했다면 손해는 볼지라도 여지없이 패해 재기하지 못하는 지경에 이르지는 않았을 것이다. 또한 협력을 통해 소니가 보유한 기술적 우위를 충분히 발휘할 수 있었을 것이다. 그러나 소니는 끝까지 다른 기업들과의 기술공조를 원하지 않았다.

'세기의 전쟁'을 벌이기로 결심한 소니는 전력을 다해 JVC 사의 VHS방식과 맞서 싸웠다. 목적을 달성하기 위해 소니는 거액의 돈을 광고에 쏟아부었고, 기술투자도 아끼지 않아 기술수준도 점점 향상되었다. 그러나 이미 JVC 사의 제품에 익숙해진 소비자들의 사용습관을 변화시키기는 쉽지 않았다. 결국 소니는 만회할 수 없을 정도로 열세에 몰렸고, 결국 패배를 선언하였다.

초기에 소니가 기술을 공개했거나 다른 회사와 공조했다면 현재 세계 캠코더 생산업체 중에서 소니는 독보적인 위치를 차지했을 것이다. 무의미한 경쟁은 덧없는 결과를 초래할 수밖에 없다. 비즈니스 전쟁은 실제 전쟁만큼이나 치열하다. 상대를 무너뜨리는 것이 최상의 목적인 실제 전쟁과 비즈니스 전쟁이 다른 점이 있다면, 그것은 비즈니스에서는 때로 공조를 하는 것이 서로 죽고 죽이는 것보다 훨씬 더 강한 힘을 갖게 된다는 것이다.

NUMBER

7

터무니없는 가격은 스스로를 망치는 길

자유시장 체제에서 가격은 시장의 수급관계 변화에 따라 움직이는 것이 정상이다. 그렇기 때문에 기업은 상품가격을 정할 때, 시장상황을 먼저 고려한다. 문제는 일부 경영자들이 상대방을 시장에서 몰아내기 위해 가격을 무기로 삼아 경쟁을 위한 경쟁을 벌인다는 데 있다. 그들은 자신이 손해를 입어도 끝까지 가격을 인하하며 경쟁을 벌이다 결국 둘다 망하는 지경에 이르게 된다. 특히 품질개선이나 상품혁신이 이루어지지 않은 채 계속 가격경쟁에만 의존하는 것은 바람직하지 않다.

미국의 식품소매기업 A사는 치열한 가격경쟁의 희생양이 된 대표적 사례다.

A사는 경영실적과 이윤에서 줄곧 높은 수준을 유지했지만,

1972년 새로운 회장이 영입되면서 모든 것이 달라졌다. 새로 부임한 회장은 기존의 경영전략을 수정해 '염가판매, 박리다매' 경영에 주력했던 것이다.

미국의 영향력 있는 잡지인 〈비즈니스 위크〉지는 A사 회장의 말을 이렇게 인용하고 있다.

"우리는 성장을 도모하기 위해 수량에서 승부를 낼 것입니다. 판매량도 '톤' 단위로 계산할 것입니다."

그가 이런 전략을 내놓은 이유는 A사가 오랫동안 시장점유율을 늘리는 데 실패했기 때문이다. 그는 이번 전략에 사활을 걸어 경쟁자들을 물리치고 미국 식품소매업의 패권을 쥐고자 했다.

A사는 제품을 일률적으로 10퍼센트 할인해서 판매했고, 상품의 종류는 1만 종에서 8,000종으로 줄였다. 또한 매장의 외관에도 변화를 주어 '경제적인 창고형 매장'이라는 간판을 내걸었고, 매장 이름을 WEO로 정했다. 그리고 매장 내에는 모든 상품을 자유롭게 진열하여 고객들이 스스로 필요한 물건을 찾아 구매할 수 있도록 했다.

가격인하와 더불어 판매량은 크게 늘었고 A사 회장은 미국 소매업계에 선풍을 일으켰다. 개혁 후 모든 매장의 판매량은 개혁 전과 비교할 때 평균적으로 5배가량 증가했고, 1972년까지 12개의 WEO 매장이 개점되었다.

WEO 매장은 자기만의 독특한 특색을 가졌다는 것 외에도 상품구매와 판매의 유통단계를 최소화해 생산업체와 고객이 직접 만날 수 있도록 하는 방식을 채택했다. 중간상인이 가져가는 이익을 줄여 상품의 소매가격을 크게 낮춘 것이다.

하지만 식품부문에서 가격으로 승부를 거는 것은 상당히 위험한 전략이었다. 공산품과 달리 식품의 한계이익은 20퍼센트밖에 되지 않기 때문이다. 다른 상품의 한계이익이 일반적으로 40퍼센트에 이른다는 점을 감안하면 식품의 염가정책은 상대적으로 많은 위험을 안고 있다.

어쨌든 WEO의 할인전략은 한동안 식품 소매업계에 커다란 충격파를 몰고 왔다. 소규모 슈퍼마켓들은 WEO와 가격경쟁에서 이길 방법이 없었기에 줄줄이 문을 닫았다. 그리고 조금 규모가 큰 소매시장은 이윤감소를 감수하면서 생존을 위해 WEO와 함께 가격인하를 단행했다. 이러한 출혈경쟁으로 인해 미국 동부지역에서 꽤 명성이 있던 칼루이저 사는 1972년 수익이 36퍼센트나 감소했고, 1973년 1분기에는 63퍼센트나 수익이 감소해 파산의 코앞까지 갔다.

시장점유율만 두고 보면 WEO는 당연히 승리했다. 그러나 승리 뒤에는 너무도 참혹한 대가가 기다리고 있었다. 상품의 소매가격 하락으로 WEO의 채산성은 큰 폭으로 감소했다. 여기에 광고비 지출과 매장확대·비용이 늘면서 장부상의 재정적자가 생기기 시작했다. 1972년 한 해에만 5,000만 달러의 손실이 발생해 연말마다 지급되던 이익배당금을 주주들에게 지급하지 못했다. 1929년 경제대공황 시기에도 이익배당금을 지급했던 A사였다. WEO

의 주주들은 크게 실망했고, 회사의 주가는 하루아침에 곤두박질 쳤다.

할 수 없이 WEO는 상품가격을 다시 인상할 수밖에 없었다. 그러나 가격인상은 회사 홍보정책에 위배되었고 고객들의 원성이 자자했다.

1973년 말 WEO의 가격인하 정책은 실패를 선언했지만 판매실적은 67억 달러에 이르렀다. 제품의 소매가격을 인상하면서 이윤이 늘어나기 시작했던 것이다. 그러나 WEO가 소매시장을 평정하려던 꿈은 좌절되었고, 1974년 판매실적이 74억 달러였음에도 불구하고 1억 5,000만 달러의 손해를 입었다. 그리하여 100년이라는 오랜 역사를 가졌던 소매업의 강자는 역사 속으로 사라져갔다.

소매업에서 고객은 가격에 가장 민감하다. 그러나 가격이 고객의 구매욕구를 자극하는 데는 한계가 있다. 어떤 조건에서든 우수한 서비스와 고품질이 승리를 위한 필수조건이라는 것은 의심할 필요가 없다. WEO는 가격을 인하해 고객들의 인기를 끌었지만, 서비스 직원들의 나이는 많았고 상품의 배치도 엉망이었기 때문에 고객들의 지속적인 주의를 끌기에는 무리가 있었다. 더욱이 이런 매장으로 고소득층을 끌어들이는 것도 역부족이었다. 결국 그들이 매장에서 발길을 끊자 회사의 경쟁력도 약화될 수밖에 없었다.

NUMBER

8

눈속임으로 기업할 생각은 버려라

꽈즈는 중국인들이 즐겨먹는 호박이나 해바라기 씨로, 중국에서는 그 가공식품이 널리 애용되고 있다. 한때, 중국의 꽈즈시장에 돌풍을 일으켰던 제품이 바로 '샤즈꽈즈'인데, 지금은 그 이름을 기억하는 사람조차 별로 없다.

1982년, 9세부터 '경제학'을 배웠다고 떠벌리고 다녔던 니엔광찌우는 돌연 샤즈꽈즈의 가격을 26퍼센트나 인하했다. 그것은 수십 년간 변화가 없던 꽈즈 가격시스템에 커다란 충격을 주었고, 소비자들의 관심을 불러일으켰다. 더불어 후다꽈즈 등 다른 업체들은 선풍적인 인기를 끄는 샤즈꽈즈의 기세에 눌려버렸다. 중국인들은 남녀노소를 불문하고 TV 앞에 앉아 샤즈꽈즈를 즐겨 먹었고, 심지어 '중국의 햄버거'라는 별명까지 얻을 정도였다.

1984년, 샤즈꽈즈를 제조하는 공장과 국가기업이 손을 잡고 공사합영(公私合營: 국가와 개인의 공동경영), 즉 '샤즈꽈즈공사'를 설립했는데, 당시 샤즈꽈즈는 여기에 머물지 않고 계속해서 다음 사업을 준비했다. 만약 샤즈꽈즈가 이처럼 잘나갈 때 품질관리에 좀 더 신경쓰면서 발전을 도모했더라면 그들의 미래는 지금과는 확연히 달랐을 것이다.

그러나 어리석은 니엔광찌우는 정도를 걷지 않고 성공의 지름길을 모색하느라 여념이 없었다.

1985년 샤즈꽈즈는 전국적으로 상품증정 판촉활동을 벌였다. 1킬로그램의 꽈즈를 사는 사람에게는 응모권을 한 장 증정했고 응모권의 내용에 따라 상품이 지급되었다. 이러한 판촉전략 덕분에 샤즈꽈즈 매장 앞에는 자동차가 늘어섰고 유례없는 성황을 이뤘다. 상품증정 판촉활동을 벌인 첫 날 1만 3,100킬로그램의 꽈즈를 판매했고 하루에 22만 5,500킬로그램의 꽈즈를 판매하는 날도 있었다.

그런데 이처럼 전대미문의 판매기록을 세우면서 샤즈꽈즈는 꽈즈의 상당량을 외부업체에서 구매하는 우를 범했다. 더욱이 그것은 철이 지난 제품이었음에도 불구하고 품질검사조차 실시하지 않았다. 그렇게 판매량을 늘리기 위해 다른 회사에서 대량 구매한 꽈즈의 대부분은 이물질이 섞인 가짜상품이었다.

하지만 소비자의 눈을 속일 수는 없었다. 곳곳에서 환불사태가 벌어졌고, 설상가상으로 중국 정부는 상품증정 판촉활동을 전면 금지시켰다. 결국 대량의 꽈즈가 재고로 남게 되었는데, 여기에 은행에서는 대출금상환을 독촉해왔다. 무엇보다 샤즈꽈즈의 신용이 바닥으로 떨어진 것이 가장 큰 문제였다.

그런데 니엔광찌우는 이런 상황에서도 신용을 만회하여 재기할 생각을 하기는커녕 소비자들을 계속 기만할 생각만 하고 있었다. 재고로 쌓여 있던 꽈즈는 대부분 부패하여 시장에 유통시키는 것이 불가능했음에도 불구하고 그는 '국가의 손실을 덜어낸다'는 명목을 내세워 못 먹게 된 꽈즈를 가공하여 판매하였다. 심지어 원래의 봉지도 바꾸지 않고 변질된 꽈즈를 그대로 판매하였다. 물론 그것이 도시에서는 판매가 어려운 것을 알고 정보에 어두운 농촌을 대상으로 판매하였다.

그러나 사기행위가 언제까지나 계속될 수는 없는 법이다. 니엔광찌우의 사기행위는 소비자들에 의해 세상에 알려졌고, 그는 결국 법의 심판을 받아야 했다.

사기행위의 결말은 항상 비참하다. 소비자들의 원성을 산다면 파산까지는 가지 않더라도 분명 출혈이 따르게 된다. 그러므로 사업을 할 때는 정직함을 기본으로 삼아야 한다. 소비자들은 한 번은 속아도 두 번은 속지 않는다. 근시안적인 안목으로 타인에게 해를 끼치는 일에는 손도 대지 마라. 가능한 한 장기적이고 안정적인 이익을 도모하라.

NUMBER

9

자금압박 요인을 철저히 관리하라

경영에서 비용 관리의 가장 큰 문제는 재고, 수금, 고정자산 세 가지 부분이다. 이 세 가지는 회사비용을 효율적으로 관리하는 데 있어 관건이 되는 부분으로, 여기에 주의를 기울이면 생산과 경영에 드는 비용을 크게 줄일 수 있다.

첫째, 재고를 절대로 소홀히 해서는 안 된다. 많은 경영자들은 재고를 가리켜 '기업의 무덤'이라고 말한다. 실제로 재고는 많은 기업들의 실패 주범으로 꼽힌다. 재고량이 과도하게 늘어나면 자금이 묶이고, 자금이 순환되지 않으면 경영 자체가 위험해진다.

재고를 처리하지 못하면 엄청난 손실이 발생하고, 계획된 시일 내에 재고를 판매하지 못하면 시기를 놓쳐 높은 가치를 지닌 상품도 쓸모없게 된다. 예를 들어 소매업을 한다고 가정했을 때, 상품 선정이 부적합하면 판매가격에 심각한 영향을 미칠 수 있고, 직접적으로는 재고량도 크게 늘어난다. 이때, 재고상품을 처리하려면 가격을 대폭 인하해서라도 처분하는 수밖에 없다. 재고량이 과다하게 늘어나면 비용이 상승하고 대출금 이자, 창고보관비, 보험료 등의 부대비용이 함께 늘어나기 때문이다.

경영실적이 좋지 않은 기업이 매년 재고관련 비용으로 사용하는 지출이 상품판매액의 25퍼센트에 달한다고 한다. 이렇게 되면 경쟁이 치열한 시장에서 절대적 열세에 놓일 수밖에 없다. 물론 일부 업종에서는 적당한 재고량이 오히려 기업의 생산과 경영에 윤활유 역할을 한다. 그러나 어떤 업종이든 과다한 재고량은 좋지 않은 결과를 부른다.

둘째, 수금관리, 즉 외상장부를 철저히 관리해야 한다. 경험이 있는 경영자들은 방대한 외상판매로 판촉을 진행하는 것은 매우 위험한 발상이라는 것을 잘 알고 있다. 외상판매를 했을 때, 수금의 회전속도가 느려지면 자금이 묶이게 된다. 이 때문에 자금회전이 어려워지면 기업융자금에 대한 이자지출이 늘어난다.

사실, 외상판매로 생기는 더 큰 손해는 수금업무로 인한 '비용 증가'와 다량의 불량채권으로 인한 '신용 저하'다. 외상판매는 이처럼 기업에 많은 손실을 가져오는 것이다.

어느 방직설비 제조회사에 새로운 사장이 부임했다. 그는 회사 경영을 쇄신하기 위해 과감한 시장마케팅 전략을 내놓았고, 그에 따라 유리한 판매조건과 대금상환기간을 늦추는 방식으로 방직설비 판매업체를 끌어들였다. 그 결과, 사장이 예상했던 대로 기업의 판매실적은 수직상승했고, 순식간에 고객이 문전성시를 이루었다.

그러나 그와 더불어 회사의 미수금 비율이 상상을 초월할 정도로 늘어났다. 이로 인해 기업의 유동자금은 점점 줄어들었고, 생산도 어려워졌다. 또한 최종소비자인 방직공장은 시장의 지속적인 불황으로 중간판매상만큼 활발한 수요가 일어나지 않았다. 그리하여 중간판매상은 점점 더 많은 재고를 떠안아야 했고 판매수익은 갈수록 줄어드는 상황에서 미수금의 비율은 여전히 높았다. 결국 그 회사는 자금회전이 제대로 이루어지지 않아 파산하고 말았다.

미수금 때문에 자금회전이 느려지거나 외상관리가 제대로 이루어지지 않을 때 생기는 또 다른 문제가 바로 불량채권이다. 수금기간이 늘어나면 늘어날수록 불량채권으로 인한 손실가능성은 점점 커진다. 따라서 기업가들은 회사의 외장장부를 효과적으로 관리해야 한다.

셋째, 고정자산을 관리해야 한다. 많은 기업가들이 다량의 자금을 토지 매입, 공장 건설, 설비 구매에 사용하지만, 굳이 부동산을 소유할 것이 아니라 임대하는 방법을 활용하면 많은 자금을 절약할 수 있다. 특히 기업자금에 한계가 있다면 다량의 자금을 정체시키는 투자를 하면 안 된다.

창업과정에서 자금이 고정자산에 투입되면 다른 곳에 운용할 수 있는 자금이 줄어들어 자금을 탄력적으로 쓸 수 없다. 더욱이 이것은 재고나 미수금에 비해 수정을 가하기 힘들다는 단점을 안고 있다. 일단 고정자산에 투자를 하고 나면 회수하기가 어렵고, 소모로 인해 이익이 계속 줄어들 수도 있는 것이다. 특히 자금이 급할 때 재빨리 현금화할 수 없다는 점을 고려하여 전체 경영의 입장에서 관리되어야 한다.

고정자산에 투자할 때는 면밀히 계산하여 기업발전의 수요에 따라 그 투자 여부를 결정해야 한다. 이 문제에 있어서는 절대로 주관적으로 판단하는 실수를 범해서는 안 된다. 예를 들어 설비를 구매하는 과정에서는 반드시 구체적인 용도와 수요를 고려해야 하며, 공장과 설비가 시장상황에 적합한지를 따져보아야 한다.

그뿐 아니라 기업의 효율을 높이고 싶다면 늘 비용을 줄이는 방법에 대해 연구해야 한다.

예를 들어 어떤 서비스 계약서를 체결했다면, 그것을 검토해보고 각종 서비스 비용의 지출이 합리적인가를 확인해야 한다. 또한 상품 공급업체 측의 비용을 검토해야 높은 품질과 합리적인 가격을 보장받을 수 있다. 만약 구매량이 많지 않다면 대량주문이 전체 상품 공급비용에 얼마나 유리한가를 따져보아야 한다. 여기에 서비스 계약을 할 때, 같은 업종 내 다른 경영방법과 결합하여 서비스 비용을 낮출 수 있는 방법까지 고안해야 한다.

만약 창업초기라 관리제도가 완비되어 있지 않다면 직원들의 사기나 절도행위 예방에도 주의해야 한다.

예를 들면 비용영수증, 증빙서류에 대해 무작위로 조사해 과다

지출이 발생하는 것을 막아야 한다. 그리고 비용과 관련된 모든 저장파일을 직접 검토하여 직원이 사기행위를 벌일 틈을 주지 않아야 한다. 또한 낯선 물품공급업자를 모두 파악하고 있어야 하며 조작했을지도 모르는 물품명세서를 수시로 검사해보아야 한다. 새로운 공급업자가 납품한 물품에 대해 무작위로 검수를 실시하고 납품받은 물건과 명세서가 일치하는지도 대조해보는 것이 좋다.

창업을 할 때, 비용을 최대한 줄일 수 있다면 그것은 남보다 한발 앞서갈 수 있다는 것을 의미한다. 기업의 입장에서 이는 상당히 중요한 일이다.

NUMBER 10

모든 판단은 정확한 정보를 바탕으로 내려라

이제 막 창업한 사장들은 열정에 가득 차 의사결정 시 정보에 의존하지 않는 우를 범하곤 한다. 심지어 어떤 사장은 "어디서 정보를 얻습니까?"라고 묻기도 한다.

현명한 사람은 귀로 듣고 눈으로 보는 정보가 많다. 눈과 귀를 닫은 사람은 두뇌로 정보가 들어가는 것이 불가능하기 때문에 현명하게 처신하지 못하고, 정확한 예측과 의사결정을 하기가 어렵다. 정보는 예측과 의사결정을 하는 데 있어서 '원자재'와 같은 것으로, 문제제기 · 문제분석 · 해결방법 책정 · 평가 및 선택은 모두 관련정보를 근거로 한다. 예측과 의사결정이 이루어지는 매 단계는 정보에 의지하는 것이다.

오늘날 창업자들이 직면한 문제는 매우 복잡하게 얽혀 있고, 관련 요소들도 상당히 많다. 따라서 다양한 정보가 있어야만 문제를 정확하게 분석하고 판단할 수 있다. 실제로 주위를 돌아보면 정보가 부족해 잘못된 판단을 내린 사례는 아주 많다.

상하이에 있는 한 보온병 제조업체는 10여 년 동안 물적 · 인적 투자를 하여 은을 마그네슘으로 대체하는 도금기술을 개발했다. 하지만 이들은 개발에 성공한 이후, 1929년에 영국의 한 회사가 이미 그 기술에 대해 발명특허를 획득한 사실을 알게 되었다. 정보가 부족했던 탓에 그 회사는 커다란 손실을 입고 만 것이다.

정보의 중요성이 그 어느 때보다 높아진 오늘날에는 많은 기업들이 정보를 수집하고 분석하는 데 아낌없는 투자를 하고 있다. 예를 들어 일본의 미쓰비시는 거액을 투자해 전 세계에 정보망을 구축했는데, 미쓰비시가 매일 세계 각지에서 전달받는 정보보고서는 한 사람이 6개월 동안 읽어야 모두 읽을 수 있는 분량이라고 한다. 그들은 그야말로 엄청난 분량의 정보를 매일 받고 분석하는 것이다.

그렇다고 모든 정보가 예측과 의사결정에 도움이 되는 것은 아니다. 각종 사기성, 허위성 정보도 많기 때문에 정확한 정보를 캐낼 줄 아는 혜안이 필요하다. 정보가 정확한지 아닌지를 확인하려면 다음의 두 가지 사항에 주의해야 한다.

첫째, 정보의 출처는 믿을 만한지 또한 심층적인 현지조사를 거쳐 작성된 것인지를 확인해야 한다. 날조된 허위사실과 유언비어를 가려낼 줄 알아야 한다.

둘째, 전달과 분석 과정에서 정보의 정확성이 떨어지지 않았는지를 확인해야 한다.

미국 캘리포니아의 한 의류회사는 1999년 한 해에만 3억 달러의 매출액을 올렸다. 사람들이 그에게 성공비결을 묻자 그는 간단히 대답했다.

"정보력 때문입니다. 정보는 많은 것을 가져다줍니다."

무한한 정보의 바다 속에서 어떻게 필요한 정보를 찾아내는가는 오늘날 모든 회사와 관리자들이 당면한 문제다. 덕분에 상당한 영향력을 행사하는 대기업들은 많은 자금을 투자해 정보망과 정보처리센터를 구축하고 있다. 일반 회사들도 정보컨설팅회사와 정보개발회사 등 전문업체의 협조를 구하고 있다.

그렇다면 자금이 넉넉지 못한 중소기업들은 어떻게 해야 할까?

걱정할 필요없다. 오늘날 정말로 부족한 것은 정보가 아니라, 혜안으로 '황금'을 찾아낼 줄 아는 인재다. 눈과 귀를 항상 열어두고 많이 읽고 많이 물어라. TV, 라디오, 신문, 주위 사람들 안에서 숨어 있는 정보를 발견하라. 그리고 필요할 핵심정보를 수집하면 된다.

홍콩 '가발의 대부' 리우원한은 식탁에서 들은 정보로 화교 최고의 갑부가 되었다.

1955년 어느 날, 리우원한은 미국 콜로라도의 한 음식점에서 미국 사업가 두 명과 함께 점심식사를 했다. 그때, 그들은 어떤 업종에 손을 대야 미국에서 가장 환영받을 것인지에 대해 이야기를 나누고 있었다. 그들 중, 한 미국인 사업가가 앞으로 가발사업이

뜰 것이라고 말했다. 그 말을 놓치지 않은 리우원한은 기발한 아이디어라고 생각하며 속으로 무릎을 쳤다.

당시 리우원한은 가발에 대해 전혀 아는 것이 없었지만, 날카로운 감각과 지혜로 가발산업이 큰 부를 창출할 것임을 예감했다. 그래서 그는 모든 수단과 방법을 동원해 당시 홍콩 구룡반도에서 유일무이하게 가발을 제조하고 있던 사람을 찾았다. 결국 그는 가발 제조자의 도움을 얻어 좋은 품질의 가발을 생산할 수 있었다.

리우원한이 시작한 가발제조업은 전례없는 호황을 누렸고, 홍콩은 하루아침에 세계 가발제조업의 중심지가 되었다. 그때 일어난 가발붐은 마치 과거 미국의 골드러시와 같았다.

리우원한은 남이 무심코 내뱉은 말 한 마디에서 영감을 얻어 새로운 업종을 개척했다. 이것이 바로 정보의 중요성이다. 진정한 사업가는 '정보의 왕'이 되어야 한다.

돈은 움직여야 이익을 만들어낸다

성공을 거둔 어느 사업가는 '돈'을 혈액에 비유했다.

"돈은 사업가에게 혈액과도 같다. 혈액순환이 잘 되지 않으면 생체 메커니즘의 균형이 깨지듯, 자금운용이 잘 되지 않으면 사업 실패로 이어질 수 있다. 어떻게 충분한 자금을 보유하고 활발하게 운용할 수 있는가는 모든 사업가들이 관심을 갖는 문제다."

이 말에는 자금을 활발하게 운용하여 부를 창조해야 한다는 심오한 원리가 담겨 있다. 돈은 눈덩이와 같다. 눈덩이는 눈 위에 놓고 굴리지 않으면 점점 작아진다. 반대로 눈덩이를 굴리면 그것은 점점 커진다. 마찬가지로 돈도 움직여야만 더 많은 이윤을 얻을 수 있다.

옛날에 돈을 좋아하는 부자가 있었다. 그는 자신의 전 재산을 모두 팔아 금덩이로 바꾼 다음 그것을 땅에 파묻었다. 그리고 매일 저녁마다 금덩이를 꺼내 어루만지고는 다시 넣어두었다. 나중에 그 비밀을 알게 된 이웃 사람이 몰래 금덩이를 파내어 훔쳐갔다. 평소와 다름없이 금덩이를 꺼내려던 부자는 금덩이가 없어진 사실을 알고 대성통곡을 하였다. 그때, 지나가던 사람이 그가 비통해하는 모습을 보며 물었다.

"무슨 일이 있으셨나요?"

부자가 자초지종을 이야기하자 그는 어이없다는 표정을 지으며 말했다.

"금덩이를 묻을 때부터 그 금은 무용지물이 된 겁니다. 당신이 돌을 거기에 묻어놓고 금으로 생각한다면 똑같은 가치를 갖게 되지 않을까요?"

금은 상품교환에 사용될 때만 '돈'으로써 가치를 지닌다. 돈은 회전하지 않으면 가치를 생산하지 못하고 그 존재가치를 잃는다. 황금이 가치를 잃게 되면 돌을 묻어 보관하는 것과 별반 다를 바 없다. 만약 금을 묻었던 사람이 그 금을 자본으로 삼아 합리적으로 운용했다면 분명 더 많은 돈을 벌었을 것이다.

설사 자금이 풍부할지라도 그 돈을 어떻게 운용할 것인지 계획이 없다면 혹은 돈을 회전시키고 싶어하지 않는다면 그 돈은 이익을 만들어내지 못한다. 이것은 마치 인체에 충분한 혈액이 있지만 심장이 뛰지 않아 혈액순환을 시키지 못하는 것과 같다. 결국 사업은 활력을 잃고 사망에 이를 것이다.

자금은 계속 움직여야만 가치를 생산한다. 사업가들이 돈을 가지고 있을 때, 묻어두느냐 혹은 움직이게 하느냐에 따라 얻게 되는 결과는 확연히 달라진다. 사업가들은 공장을 세우고 점포를 열고 채권과 주식에 투자하는 등의 투자행위를 통해 '죽은 돈'에 생명을 불어넣는다. 그리고 그렇게 돈이 흐르는 과정에서 이윤은 증가한다.

물론 자산을 안정적으로 늘리기에 저축만큼 좋은 방법은 없다고 생각하는 사업가들도 많다. 실제로 저축이 나쁜 것은 아니다. 그러나 세상에 저축을 통해 백만장자가 되었다는 이야기를 들어본 적이 있는가! 사업가들에게 있어서는 저축하는 돈이 중요한 것이 아니라, 저축을 하려는 결심이 중요하다. 사업가들의 절제는 높이 살 만하다. 그러나 저축을 통해 부를 축적하겠다는 꿈은 허상에 지나지 않는다. 더욱이 인플레이션을 감안한다면 저축은 점점 더 가난하게 만들 뿐이다.

투자를 할 때, '안정성'과 '안전성'은 잘 구별해야 한다. '안정성'은 미래의 인플레이션 요소가 고려된 상태에서 투자수익률이 일정하다는 것을 의미한다. 반면, '안전성'은 인플레이션은 고려하지 않고 원금이 보존되며 일정한 이자수익을 얻는 것을 말한다. 인플레이션이 고려되지 않은 안전성은 아무런 의미가 없다. 오히려 저축을 하면 할수록 손해를 보게 된다.

방패막이가 필요한 비즈니스 전쟁판

개인의 능력과 관계없이 든든한 방패막이가 없으면 언제든 위험에 노출될 수 있다.

1960년 새해를 알리는 종소리가 막 울려퍼졌을 때 미국 대기업들은 어마어마한 계획을 준비하고 있었다. 그것은 홍콩에서 화교와 영국인들의 금융자본을 몰아낸 후, 홍콩과 동남아의 금융권을 장악하겠다는 것이었다. 그에 따라 미국의 금융 부호들이 속속 홍콩으로 몰려들었고 그들의 공격목표는 HSBC은행이었다.

홍콩에서 실질적인 중앙은행 역할을 하고 있던 HSBC를 무너뜨릴 수 있다면 홍콩 금융은 미국인들의 손에 넘어가는 것이나 다름없는 상황이었다. 우선, 그들은 HSBC의 주식을 대량으로 매입했다. 그런 다음 곧바로 다량의 주식을 다시 매각하며 HSBC의 경영상황이 악화되었다느니 주식을 매입할 자금이 부족하다느니 하면서 헛소문을 퍼뜨렸다.

HSBC의 주가는 썰물 빠져나가듯 급락했고 상황은 HSBC에 불리하게 돌아가고 있었다. 만약 HSBC에서 직접 주식을 매입하지 않는다면 이미지가 땅에 떨어질 것이 분명했고, 도산의 위기가 닥칠 수도 있었다. 설상가상으로 HSBC가 주식을 대량 매입하려고 홍콩 전역의 지점에 위급한 상황을 알리자, 상황을 잘 알지 못하는 예금주들은 HSBC 계좌에서 서둘러 돈을 인출해갔다. 당장 휴업을 하지 않는다면 지불 준비금이 바닥 날 상황이었다.

HSBC는 돈을 얻기 위해 동분서주했지만, 아무도 도산을 눈앞에 둔 은행에 돈을 빌려주려 하지 않았다. HSBC는 그야말로 벼랑 끝에 몰린 신세가 되었다. 생사의 기로에 놓인 HSBC는 문득 홍콩의 든든한 후원자였던 중국을 떠올렸다.

은행은 즉시 구원신호를 보냈고 중국의 여러 금융기구들은 홍콩을 안정화시키기 위해 HSBC를 지원하기로 결정했다. 발빠르기로 유명한 홍콩의 신문사들이 앞다퉈 이 사실을 보도하면서 홍콩인들은 빠른 속도로 돈을 다시 HSBC에 예금하기 시작했다.

이렇게 하여 미국과 홍콩의 금융전쟁은 급반전되었고, 순식간에 HSBC의 주가는 폭등했다. 이미 미국 측에서는 높은 가격으로 HSBC의 주식을 매입해 싼 가격으로 팔아치운 상태라 HSBC와 협상을 벌일 수밖에 없었다. 그들은 손실을 만회하기 위해 항공회사를 홍콩에 고스란히 넘겨주는 데 동의해야 했다. 이때, HSBC가 내건 조건은 홍콩 금융의 안정적인 발전을 위해 미국 측이 일부

자금을 홍콩에 남겨두어야 한다는 것이었다. 그리고 다시는 이와 같은 사건이 재발하지 않도록 하겠다는 약속도 받아냈다.

그 사건 이후, 미국의 한 금융계 고위관료는 이렇게 말했다.

"HSBC가 중국 은행을 끌어들일 것이라고는 생각지도 못했다. 하마터면 우리는 전멸할 뻔했다."

NUMBER 13

조삼모사의 지혜

비즈니스 협상을 벌일 때는 심리적인 전략에서 앞서가야 한다. 그런 의미에서 기업가들이 흔히 얘기하는 '선고후첨(先苦后甛; 상대방의 기선을 제압한 후 양보를 해서 상대에게 단맛을 보게 해줌)'은 새겨둘 만하다. 일단 쓴맛을 보게 한 후 단맛을 보이면 단맛의 정도가 크지 않아도 상대방은 흡족함을 느끼게 마련이다.

예를 들어 비행기가 연착될 때 우선 1시간 연착된다고 안내방송을 한 뒤 실제로는 20분이 연착되었다면, 20분이나 연착되었음에도 불구하고 여행객들은 오히려 비행기가 생각보다 일찍 도착했다며 기뻐한다. 그리고 항공회사에 불만을 토로하기는커녕 항공회사가 여행객을 위해 배려해준 덕분에 무사히 도착했다고 입에 침이 마르도록 칭찬할 것이다.

왜 이런 반응이 나타날까?

사람은 본래 어렵다고 생각했던 문제가 비교적 쉽게 해결되면 심리적으로 더욱 큰 기쁨을 느낀다. 반대로 처음에는 쉽다고 느꼈는데 나중에 예상보다 어렵다면 의욕을 상실하고 낙담하게 된다.

당근과 채찍 전략도 사람들의 이러한 심리를 이용한 것이다. 물론 이러한 전략은 동일한 상황일지라도 사람에 따라 다르게 적용해야 한다.

예를 들어 B회사의 원자재를 구매하고자 하는 A회사는 B회사가 제시한 가격을 깎고 싶었지만, 자신들이 구매량에서 양보하지 않으면 상대방도 그들의 요구를 들어주지 않을 것임을 알고 있었다. 그때, A회사는 당근과 채찍 전략을 사용했다.

먼저 협상테이블에서 상대방이 수락하기 힘든 조건을 제시했다. 예를 들어 운송조건, 지불조건, 납기기한 등에서 까다로운 요구를 한 것이다. 그리고 그 조건을 조정하는 과정에서 A회사는 의도적으로 자신들이 양보할 의향이 있음을 내비쳤다. 실제로 A회사는 그중 몇 가지 조건을 B회사에 양보했다. 그리고 B회사 측이 만족스러워할 때 다시 가격문제를 제기했다. 결국 A회사는 자신이 원한 조건대로 가볍게 계약을 성사시켰다.

이처럼 B회사가 A회사의 가격흥정 요구를 받아들일 수 있었던 것은 B회사가 가격을 양보하기 전에 A회사가 협상의 우위를 점하고 있었기 때문이다. 사실, A회사가 양보한 조건은 본래 B회사에게 제시하려 했던 것이었다.

물론 이러한 전략은 적당히 사용해야 한다. 채찍을 분별없이 남발하면 상대방은 성의가 부족하다 여기고 아예 거래를 중단할 수도 있다.

가끔은 손해를 보는 것이 이익이다

사업가들은 보통 일을 처리할 때 빈틈이 없다. 그리고 조금도 손해를 보지 않으려고 한다. 그러나 때로는 손해를 보는 것도 필요하다.

옛날에 성이 새(塞)인 노인이 있었는데 어쩌다가 말 한 필을 잃어버렸다. 이웃들은 모두 집안에 우환이 생겼다며 안타까워했다. 그러나 노인은 오히려 "더 잘된 일이지도 몰라"라고 말했다. 노인의 말에 사람들은 모두 웃으며 새옹이 말을 잃어버린 후 정신이 나갔다고 말했다.

며칠 후, 새옹의 잃어버린 말이 집으로 되돌아왔다. 그것도 혼자 돌아온 것이 아니라 다른 말 한 마리와 함께 왔다. 이웃들은 이것을 보고 모두 새옹을 부러워했다. 그들은 새옹의 집에 찾아와 하늘에서 내려준 복이라며 축하했다. 새옹은 무표정한 얼굴로 말했다. "별로 좋은 일이 아닌 듯 하네" 사람들은 이 말을 듣고 크게 웃으며, 새옹이 너무 좋아서 좋은 일과 나쁜 일도 구분 못한다고 말했다.

그런데 며칠 지나지 않아 뜻밖에 새옹의 아들이 새 말을 타고 놀다가 다리가 부러졌다. 사람들은 새옹에게 너무 마음을 쓰지 말라며 위로했다. "더 잘된 일인지도 몰라" 새옹은 웃으면서 말했다. 이웃들은 새옹이 무슨 말을 하는지 어리둥절했다.

얼마 후 전쟁이 발발했고, 신체 건장한 젊은이들은 모두 병사로 징용되어 가장 위험한 최전방에서 싸워야 했다. 새옹의 아들은 다리가 부러진 덕분에 천만다행으로 전쟁터에 끌려가지 않았다. 그리고 오래오래 고향에서 행복하게 살았다.

이것은 노자의 《도덕경》에서 말하는 변증법(변화하는 현실을 동적으로 파악하여 그 모순과 대립의 의의를 인정하려는 사고법)이다. 변증법의 사고에 기초한다면 현재의 손해가 언젠가 생각지도 못할 이익을 가져다줄지 모르므로 너무 현재의 손해에 연연할 필요가 없다.

미국의 유명 식품가공회사 하인즈의 설립자 헨리 하인즈는 연구실에서 올라온 실험보고서를 건네받고 고민에 빠졌다. 생산 과정에서 유통기한을 늘리기 위해 사용하는 첨가물에 독성이 있다는 사실이 발견되었기 때문이다. 물론 독성이 강하지는 않지만 장기복용하게 되면 인체에 유해한 물질이었다. 그러나 첨가제를 넣지 않으면 식품의 신선도는 떨어질 수밖에 없다.

고민하던 헨리 하인즈는 결국 고객에게 이 사실을 정직하게 알리기로 결심했다. 그리고 판매량에 막대한 손해를 끼칠지도 모르는 그 소식, 즉 방부제는 인체에 유해하다는 사실을 공식적으로 발표했다.

그 후 하인즈는 여러 가지로 어려움에 직면하게 되었다. 식품판매량이 급감한 것은 물론 다른 식품가공회사 사장들이 연합하여 그에게 반격을 가했던 것이다. 그들은 모두 하인즈의 제품을 배척했고 하인즈는 하루아침에 도산할 위기에 몰렸다.

힘들게 4년을 버틴 하인즈는 이미 파산한 상태였지만, 그의 명성은 널리 퍼졌다. 바로 그때 정부가 하인즈를 지지하고 나섰다. 그러자 순식간에 하인즈 사 제품은 안전하고 만족도가 높은 인기 상품으로 떠올랐고, 헨리 하인즈는 미국 식품가공업의 선두주자로 등극했다.

현명한 사람만이 손해에서 지혜를 배울 수 있다. 정말로 성공하고 싶다면 버려야 할 것은 아픔을 참고 잘라내야 하며, 참아야 할 것은 참고 미래를 기약해야 한다.

NUMBER 15

부당한 요구에는 맞서 싸워라

사업을 하다 보면 때로 상도(商道)를 모르는 무례한 사람을 만나기도 한다. 이럴 경우에는 양보할 필요 없이 맞서 싸워라. 이때 반드시 주도권을 잡아야만 무례한 상대방과 싸워 이길 수 있음을 기억해야 한다.

다칭유전은 채굴 신기술을 개발하기 위해 중국 내 관련회사를 통해 외국의 B사로부터 채굴설비를 구매했다. 계약금액은 158만 달러에 달했는데, 설비를 실험하는 도중 48만 8,200달러에 상당하는 부품이 계약서에 규정한 압력수치에 도달하지도 않은 상태에서 금이 가버렸다. 더 이상 그 설비를 정상적으로 사용하기는 불가능했다.

다칭유전은 신속히 이 상황을 판매회사에 통보했다.

B사는 두 차례에 걸쳐 전문가들을 다칭유전에 파견해 설비부

품에 대해 여러 번 조사했고, 상품이 계약서의 규정조항에 부합하지 않음을 인정했다. 이에 따라 다칭유전은 판매회사에 손해배상을 요구했고 판매회사 대표는 본국으로 돌아가 이 사실을 보고한 후 답변을 주겠다고 말했다.

이때까지만 해도 문제가 순조롭게 해결되는 것 같았다. 그러나 다칭유전은 생각지도 못한 문제에 직면하게 되었다. 다칭유전은 B사로부터 품질하자에 대한 보상을 받기는커녕 오히려 미국 달라스 지방법원으로부터 날아온 소환장을 받았다. B사가 지방법원에 다칭유전 석유관리국을 상대로 소송을 냈던 것이다. 소환장에는 B사가 판매한 품질합격 제품을 다칭유전이 불합격으로 판정해 회사의 명예를 손상시켰으며, 이에 따른 손해배상을 청구한다고 적혀 있었다.

신속히 회의를 열어 '이번 재판은 반드시 이겨야 한다'고 다짐한 다칭 석유관리국은 미국 법원에 응소를 하겠다고 답변서를 제출했다.

B사 변호사인 W는 우선 다칭유전의 소송팀장 리우에게 서면공방 서류를 보내 증거를 수집했다. 마침내 양측 변호인단이 공방을 시작하던 날, W는 온갖 방법을 동원하여 다칭유전 측 변호인단을 몰아세우려 애를 썼지만, 그가 얻은 소득은 없었다. 그렇게 증거 수집을 위한 서면공판은 7일 동안 이어졌다.

그 후, 다칭유전의 소송팀과 변호사는 정식법정에서 B사와 맞서게 되었다. B사는 법정변론에서 갑자기 부품의 품질문제는 다칭유전이 보관과 운송을 제대로 하지 못해 빚어진 것이라고 주장했다. 또한 다칭유전이 구매한 부품은 단지 B사를 공갈 협박하는 수단에 불과하다고 강조했다. 심지어 다칭유전이 전문가들로 하여금 검사보고서에 강제로 서명하도록 하고, 서명을 안 하면 인질로 감금하겠다고 했다며 사건을 날조했다.

이렇게 복잡한 상황에 직면한 다칭유전 대표는 사실에 근거해서 B사의 진술이 거짓임을 밝혀냈으며 진실을 무기로 사람들의 마음을 움직였다. 그리고 다칭유전의 반격이 시작되자 B사는 품질하자에 대해서는 더 이상 발뺌하지 못했다.

다칭유전의 소송팀 리우는 법정에서 발언을 할 때 B사의 품질하자를 증명하는 다량의 증거를 제시했고, 또한 B사의 사기행위에 대해서도 열거했다. 동시에 여러 가지 데이터와 도표를 가지고 배심원단과 판사에게 B사가 판매한 부품은 불량이라는 것을 증명했다. 그리고 불량부품으로 인해 다칭유전이 입은 엄청난 손해에 대한 배상을 청구했다. 다칭유전의 힘 있는 일격은 B사를 꼼짝 못하게 만들었다. 리우가 법정발언을 마친 후 B사 변호사는 대칭유전 대표 쪽으로 다가와 속삭였다.

"이번 소송을 취하합시다. 배상금으로 180만 달러를 지불하겠소."

B사가 능력 밖의 배상금을 지불해 파산을 선고하면 손해배상 절차가 복잡해질 수도 있었기 때문에 다칭유전 대표와 변호사는 상의 후 여기서 소송을 취하하는데 동의하고, 법정 밖에서 분쟁을

조정하기로 했다. 그리고 양측의 오랜 논쟁 끝에 B사가 다칭유전에 195만 달러를 배상하고 고장난 부품을 수리해주는 것으로 합의를 이끌어냈다. 2년에 걸친 소송은 결국 다칭유전의 승리로 막을 내렸다.

호감을 얻고 싶다면 진심 어린 미소를 지어라

표정이 밝고 잘 웃는 사람은 어디에 가서든 주목을 받는다. 그래서 그런지 '웃으면 복이 온다'거나 '웃으면 돈이 저절로 굴러들어온다', '웃는 얼굴에 침 못 뱉는다' 등 웃음의 긍정적 효과를 강조하는 속담도 많다.

한(漢)나라 초기, 유방(劉邦)이 세상을 떠난 후 흉노족 선우(單于; 흉노족 대 추장급)는 기회를 틈타 한나라 영토를 침략하려 했다. 그는 싸움을 벌이기 위해 일부러 려후(呂后)에게 아주 모욕적인 편지를 보냈다.

"당신은 남편을 잃었고, 나도 마침 상처를 한 몸이오. 당신은 이미 나이가 들어 여자로서의 매력을 잃었을 테지만 내가 거두어 줄 테니 천하를 나에게 넘기고 나와 함께 해로합시다."

편지를 읽은 려후는 너무 화가 나서 어쩔 줄을 몰라 했다. 하지만 강인하고 지혜로웠던 려후는 이런 답장을 보내 선우에게 장단을 맞춰주며 '미소 외교'를 펼쳤다.

"저는 이미 늙었습니다. 그저 시종들이 걷지 못하는 저 때문에 고생하고 있음이 안쓰러울 따름입니다. 우리 궁에는 젊고 아름다운 궁녀들이 많이 있습니다."

그런 다음 아름다운 궁녀를 흉노족 선우에게 선물했다. 이렇게 해서 그녀는 자칫 잘못하면 멸망의 길로 들어설 수 있었던 위기상황을 모면했다.

미소는 커다란 힘을 들이지 않고도 많은 기적을 만들어낸다. 미소는 상대를 즐겁게 해주고 짧은 시간 내에 사람들에게 영원한 기억을 남긴다. 또한 미소는 인간관계를 조화롭게 하고 사람과 사람 간에 호감을 느끼게 한다. 그러므로 타인에게 호감을 얻고 싶다면 진심 어린 미소를 지어라.

프랭클린 배트거는 미국에서 명성이 높은 보험판매원으로, 미소의 위력을 잘 알고 있었다. 그는 고객과 만나기 전에 항상 가장 즐거웠던 일을 상상하곤 했다. 그러면 얼굴이 금방 밝아지고 진심 어린 미소를 짓게 되기 때문이다.

즐거운 마음을 지니고 불만이 가득한 사람과 이야기를 나눠보라. 그리고 미소를 지으며 상대방의 말을 경청하라. 그러면 어느새 상대방도 마음이 풀어져 미소짓고 있음을 보게 될 것이다. 미소를 지으면 과거에 해결하기 어려웠던 까다로운 문제도 금방 해결된다. 지금까지 타인을 짜증나게 만들었던 사람도 미소 하나로 사람들의 호감을 얻어낼 수 있다.

미소가 많은 이익과 수입을 가져다준다는 것은 추호도 의심할 여지가 없다. 미소가 넘치는 곳에서는 서로 칭찬하고 존중하며 상대의 관점에서 사물을 바라보는 분위기가 충만해진다. 그때부터 모든 사람들이 즐겁고 부유해지며 우정과 행복을 얻을 수 있다.

밝은 미소를 지을 줄 아는 사람은 살아가면서 별다른 어려움을 겪지 않는다. 그러므로 미소에 인색하다면 미소짓는 연습을 하라. 목소리에도 미소를 담고 혼자 말을 할 때조차 미소가 묻어나오게 하라. 얼굴에 미소가 가득해질 때까지 웃는 연습을 하라.

'미소 훈련'은 어떻게 하는 것이 좋을까?

① 미소짓고 싶지 않을 때도 웃어라.

기분이 좋지 않을 때도 미소를 지어라. 마음이 무겁고 우울하더라도 타인에게 그런 감정을 드러내면 안 된다. 복잡한 감정은 마음속에 담아두고 항상 즐거운 사람이 되어라. 대화를 하면서 늘 기분좋은 사람이라는 인상을 남겨라.

② 웃고 싶지 않을 때도 미소를 잃지 마라.

웃고 싶지 않을 때가 가장 웃어야 할 때다.

③ 밝게 웃어라.

그러면 그것이 주변으로 전염되어 그곳에 있는 모든 사람들을 기쁘게 한다.

④ 다른 사람과 함께 즐거움을 누려라.

그러면 사람들의 얼굴에는 항상 미소가 떠나지 않는다.

⑤ 만면에 미소를 띠어라.

아름다운 미소가 되려면 입만 웃는 것이 아니라 눈, 콧등, 이마 등 만면에 웃음이 서려 있어야 한다. 얼굴 전체에 미소를 띠고 있어야 성공적인 미소라고 할 수 있다.

⑥ 깊게 패인 미간을 활짝 펴라.

그러면 찌푸린 얼굴이 금방 미소 띤 얼굴로 변할 것이다.

⑦ 유머감각을 발휘하라.

유머감각은 누구에게나 있다. 단지 그 감각을 아무도 모르는 곳에 숨겨놓고 있을 뿐이다. 다른 사람과 함께 있을 때 가벼운 농담을 하면 미소짓기 훈련이 훨씬 더 쉬워진다.

⑧ 큰 소리로 웃어라.

미소가 강한 매력을 지녔다면 진심에서 우러나오는 박장대소는 더욱 강렬한 매력을 뿜어낸다.

만약 성격이 소극적이고 부끄러움이 많아 다른 사람들 앞에서 자유자재로 웃기가 힘들다면 거울 앞에 앉아 혼자 미소짓는 연습을 하라. 얼굴에 진정한 미소가 가득 퍼질 때까지 연습한 후, 다른 사람 앞에서 시도해보라.

5장

모두를 열광시킬,

새로운 아이템

개발하기

100번을 넘어져도 101번 일어나면 성공한다

정보화시대의 두드러진 특징 가운데 하나는 곳곳에서 광고를 접할 수 있다는 점이다. 그것은 비즈니스계의 주요 경쟁수단이 광고이기 때문이다. 그러나 광고전략에서 성공하려면 그것이 반드시 소비자의 입맛에 맞아야 하고 광고대상 또한 명확해야 한다.

오늘날 흡연자들의 사랑을 받고 있는 세계적인 담배 말보로는 필립모리스의 대표 브랜드다. 그런 만큼 말보로가 여러 번 어려움을 겪었고, 제2차 세계대전 이후 잠시 생산이 중단된 적도 있다는 사실을 아는 사람은 거의 없다. 사실, 말보로는 한때 수익을 내지 못해 필립모리스에서 천덕꾸러기 취급을 받았다.

1940년대, 전쟁발발로 인해 광고계는 많은 제약을 받았고 말보로는 지명도가 낮은 탓에 저소득 계층조차 구매하지 않았다. 그렇다면 필립모리스는 어떻게 그런 어려움을 이겨냈을까? 그 성공비결은 바로 창의성에 있다. 당시에는 공중파 방송에서도 담배광고를 방영할 수 있었는데, 대다수의 광고가 여성들을 등장시켜 심미적인 관점에 집중하고 있었다. 하지만 말보로의 광고를 맡았던 광고회사는 과묵하고 과감하며 냉정한 카우보이 이미지를 채택했다. 당시 미국 흡연자의 대다수는 남성이었기 때문이다.

광고이미지에 변화를 주자 판매량에도 변화가 일어났다. 사실 담배 맛은 그대로였지만 소비자들은 새로운 이미지에 맞춰 담배 맛이 다르다고 느꼈던 것이다. 어쨌든 이런 창의적인 광고전략을 통해 말보로는 기사회생했다.

곤경에 빠졌을 때, 자신의 처지를 비관하고 포기하는 것은 금물이다. 아무리 어려운 상황에 놓일지라도 능동적으로 지혜롭게 돌파구를 찾으려 노력해야 한다. 때로는 작지만 창의적인 아이디어가 곤경에서 벗어나는 것은 물론 성공에 이르게 하기도 한다.

누구나 실패할 수 있다. 그것은 개인의 의지와 상관없이 벌어지는 경우도 많다. 그러나 그 실패에 굴하지 않고 이겨내는 것은 개개인의 의지에 달려 있다.

성공학의 아버지라 불리는 나폴레온 힐은 여러 번의 실패와 성공을 거듭했다. 실패의 쓴맛을 볼 때마다 그는 절대로 굴복하지 않겠다는 자세로 맞서 싸웠다. 때론 실패를 이겨내려고 하면 할수록 더 깊게 상처를 입기도 했다. 그러나 강인한 의지 앞에는 하늘도 감동하는 법이다. 운명의 신은 힐에게 그런 상황을 헤쳐나갈 수 있는 힘을 실어주었다. 그는 여러 번의 실패 후 더 강한 저력을 가질 수 있게 되었고, 그 모든 것은 그가 성공의 고지에 올라설 수 있는 토대가 되었다.

"일어서는 것을 넘어지는 것보다 더 많이 하라"는 힐의 말은 심오한 의미를 담고 있다. 100번을 넘어졌어도 101번을 일어서면 된다. 기업이든 개인이든 그 정도의 의지와 인내심을 가져야 한다. 인내심만 있다면 실패와 스트레스, 좌절, 고난 등 모든 것은 무형의 재산이 된다. 실패한 기간이 길면 길수록 재산이 더 많아진다고 생각하라.

성공한 모든 사람들은 한결같이 끈기를 가지고 지속적으로 노력하는 신념을 보여주었다. 그러한 신념만 있다면 누구나 영원한 승자로 남을 수 있을 것이다.

흥미 있는 사업아이템을 선택하라

창업을 하려면 우선 사업아이템을 선정해야 한다. 사업아이템은 사업가의 주관적인 희망이 아니라, 사업가의 경험, 지식, 자금 능력 그리고 사회적 수요 등 주변 여건을 고려하여 결정해야 한다.

앨버트와 조라는 두 명의 미국인이 뉴욕에서 함께 카센터를 열었다. 그들의 사업은 성공적이었지만, 시간이 흐를수록 그 일에 염증을 느끼기 시작했다. 얼마 후, 두 사람은 과감히 카센터를 처분하고 마이애미로 향했다. 그곳에서 부동산건설 열기가 장기간 수그러들지 않을 것임을 예감한 그들은 콘크리트 제조업을 시작하기로 했다. 두 사람은 즉시 공장을 사들였지만, 건축의 '건'자도 모를 뿐 아니라 시공 과정에 대해 아는 바가 없어 결국 문을 닫고 말았다. 할 수 없이 그들은 다시 뉴욕으로 돌아와 이전처럼 카센터를 시작했다.

사업아이템을 잘못 선정해 실패하는 사람은 많이 있다. 그렇기 때문에 사업아이템을 선정할 때는 '내가 아는 분야는 무엇인가', '어떤 일을 가장 잘 하는가'를 자문해보아야 한다. 그리고 일단 한 분야를 사업아이템으로 선정했다면 그 분야에서 전문가가 될 때까지 노력해야 한다.

주의할 것은 흥미가 없는 분야는 섣불리 선택하지 말라는 것이다. 흥미도 없이 마지못해 끌려다니다 보면 결국 실패하고 만다. 만약 흥미로운 분야가 없다면 흥미를 가질 만한 분야를 찾아 개발해야 한다.

자신의 취미를 사업아이템으로 선택하면 더욱 능동적으로 자신의 실력을 발휘할 수 있다. 자신이 좋아하는 분야와 그렇지 않은 분야를 알고 있어야 열정적으로 일할 수 있고, 더 나아가 큰 성과를 거둘 수 있는 법이다. 그러므로 흥미 있는 분야를 확실히 파악하고 그 분야를 사업의 출발점으로 삼아야 한다.

루소는 삶에서 가장 흥미 있는 분야를 천직으로 삼으라고 거듭 강조했다. 그 이유는 자신이 좋아하는 일을 하면 힘들고 고생스럽더라도 항상 생기가 넘쳐흐르고 마음이 즐겁기 때문이다. 또한 침식도 잊은 채 일에 몰두하고 아무리 어려운 일이 닥쳐도 꿋꿋하게 그것을 극복한다. 에디슨은 거의 하루도 빠짐없이 수십 시간을 실험에 몰두했지만, 한 번도 고되다고 여긴 적이 없다고 한다. 그렇기 때문에 그가 성공한 것인지도 모른다.

자신의 경험을 돌아보면 보다 쉽고 정확하게 흥미 분야를 발견할 수 있다. 그것을 기초로 자신이 흥미를 갖는 분야를 확대하고 그에 상응하는 사업아이템에 대비해보면 흥미 있는 사업아이템을 선택하는 데 도움이 된다. 여건이 된다면 표준화된 방법을 통해 관심분야 테스트를 해보는 것도 좋다.

반드시 자신의 흥미를 불러일으키는 사업아이템을 찾아라. 절대 경솔하게 선택하지 마라.

NUMBER

3

아이템이 좋다면, 빚을 내서라도 사업을 하라

만약 좋은 사업아이템을 발견했는데, 수중에 돈이 없다면 어떻게 해야 할까? 이럴 경우에는 빚을 내서라도 사업을 해야 한다. 돈을 빌리는 일을 두고 나쁘다고 생각지 마라. 금융지능이 높은 사업가는 돈을 빌리는 것이 나쁘다고 생각하지 않는다. 물론 단순히 먹고 쓰기 위해, 즉 소비하기 위해 돈을 빌리는 것은 바람직하지 않다. 하지만 그것이 투자를 해서 이윤을 얻기 위해 빌리는 것이라면 얘기는 달라진다. 그럴 경우에는 오히려 부채가 바람직한 일이 될 수도 있다.

이처럼 부채는 두 가지로 분류할 수 있다. 즉, 하나는 소비채무이고 다른 하나는 투자채무다.

예를 들어 휴가를 가려 하거나 비싼 손목시계를 사기 위해 돈을 빌린다면 이것은 소비채무다. 소비채무의 경우에는 소비욕구를 만족시킨 후 높은 이자를 지불해야 한다. 기일이 되면 원금뿐 아니라 이자도 지불해야 하는 것이다.

그러나 투자채무는 좀 다른 상황으로 이해해야 한다. 이때 돈을 빌린 목적은 단기적인 소비욕구를 만족시키기 위해서가 아니라 최종적인 부를 창출하기 위해서다. 만약 업무능력에 맞는 컴퓨터 프린터를 구입해 인쇄량을 크게 늘리고 새로운 수주도 받을 수 있다면, 당연히 새로운 프린터를 구입해야 한다. 돈이 부족하다면 빚을 내서라도 구매해야 한다.

이때, '돈을 모은 후에 구매하겠다'고 생각한다면 구매시기를 늦춘 후, 돈이 모일 때까지 기다려야 한다. 이로 인해 일에 지장을 받게 될 것이고, 그 틈을 타 다른 경쟁자가 이익을 취할 것이다. 분명한 투자가치가 보인다면 당연히 빚을 내서라도 투자를 해야 한다.

좋은 기회는 언제라도 다른 사람이 빼앗아갈 수 있다. 사업을 빠르게 발전시키고 싶다면 기회가 왔을 때 과감히 투자하여 사업을 확장해야 한다. 그렇지 않으면 경제적인 손실을 볼 수도 있다. 사업을 확장할 때 합리적인 범위 내에서 빚을 지는 것은 무방하다. 부채는 일종의 지렛대이다. 또한 사업체를 안정적으로 경영하는 방법이기도 하다.

남들이 하지 않는 것을 한다

산업화 사회에서는 모든 사람들이 부자가 되고 싶어한다. 하지만 누구나 생각할 수 있는 평범한 방법과 사고방식으로는 성공하기 어렵다. 발상의 전환을 이루고 비범한 사고를 지닌 혹은 기발한 아이디어를 가진 사람만이 성공할 수 있다.

영국에서 태어난 알렌 레인은 큰아버지가 경영하는 출판사에서 일하다 사업체를 물려받았다. 출판사의 경영상황은 어려웠지만, 큰아버지가 세운 출판사가 자신으로 인해 망하는 것을 원치 않았던 그는 활로를 찾기 위해 고심했다.

어느 날, 레인은 대합실 가판대 옆을 지나다가 가판대 위에 고가의 단행본이나 소설, 통속적인 간행물 외에 거의 읽을 만한 책이 없다는 사실을 발견했다. 그때, 레인의 머릿속에 당찬 사업구상이 떠올랐다.

'가격이 저렴한 문고판을 출시하면 큰돈을 벌 수 있을 거야.'

당시 영국에서 출간한 단행본은 모두 두꺼운 종이에 헝겊을 싼 양장본이었다. 따라서 가격이 너무 비싸 일반 서민들은 책을 살 엄두도 내지 못했다. 레인은 즉시 저렴한 총서시리즈를 출판하기 위한 계획을 세웠다. 하지만 주변 사람들은 모두 스스로 무덤을 파는 행위라고 반대를 했다. 그래도 회사가 곤경에서 빠져나올 수 있는 방법은 그것뿐이라고 여긴 레인은 계획을 실행에 옮겼다.

레인이 출판하기로 결정한 첫 번째 총서시리즈는 총 10권으로 양장본이 아닌 소프트커버를 사용했고 규격도 축소했다. 덕분에 제조비용을 크게 줄인 레인은 책 가격을 6펜스로 낮추었다. 사람들은 담배 6개비만 피우지 않으면 책 한 권을 살 수 있게 된 것이다. 또한 레인은 독자를 끌어들이기 위해 모든 책 표지에 날개를 펴고 서 있는 펭귄을 그려 넣었다. 타원형 안의 흰색과 검은색이 섞인 펭귄은 마치 살아 있는 듯 생동감이 넘쳤다.

레인은 책의 종류를 점점 늘려나갔고 문고판 책들을 '펭귄총서'라고 명명했다. 펭귄총서는 색깔별로 분류하여 자주색은 극본, 주홍색은 소설, 하늘색은 전기, 녹색은 탐정소설, 회색은 시사 및 정치 간행물, 노란색은 기타로 나누었다. 또한 레인은 책이 종류마다 1만 7,500부 이상씩 팔리면 손해는 보지 않는다는 계산을 하고 직원들을 여러 지역에 파견해 판촉활동을 하게 했다.

결국 레인은 대박을 터뜨렸다. 채 반년도 되지 않아 총서시리즈는 10만 부가 팔려나갔던 것이다. 이후 이 회사는 계속 박리다매로 대중들에게 봉사한다는 원칙을 고수했고, 영국 문고본 시장을 20여 년간 독점해 출판업계에 혁명을 일으켰다. 레인은 오늘날까지도 영국 '문고본 혁명의 아버지'로 추앙받고 있다.

융통성으로 판로를 개척하라

중국의 농촌은 농한기 때는 사람들의 왕래가 잦고 떠들썩하지만, 농번기에는 한적해진다. 이것은 류린(柳林)현도 마찬가지였던 터라 농번기가 오자 대부분의 상점들이 물건을 최대한 적게 입고시키거나 아예 입고시키지 않았다. 팔리지도 않을 물건을 쌓아놓았다가 우기(雨期)가 되면 상하거나 곰팡이가 피기 일쑤였기 때문이다. 그런데 올해에는 그 현에서 유일하게 한 상점만이 물건을 대량으로 입고시키며 상점 가득 채워놓느라 분주했다. 다른 상점 주인들은 모두 그 사람이 정신이 나간 게 분명하다고 수군거렸다.

그 상점 주인은 쑨차이로 1년 전에 그 상점을 개점했다.

사람의 발길이 점점 뜸해지자 현의 몇몇 점포는 문을 닫았고, 문을 연 곳도 장사가 되지 않아 애를 먹었다. 쑨차이의 상점 역시 장사가 안 되기는 마찬가지였다. 열흘 정도가 지나자 쑨차이의 아내와 아들은 쑨차이를 원망하며 화를 냈다. 하지만 쑨차이는 빙그레 미소를 지으며 이렇게 말할 뿐이었다.

"뭐가 그리 급해! 이 많은 물건들은 분명 팔려고 들여놓은 것이니 걱정하지 마. 곧 떼돈을 벌 날이 올 테니 그때 가서 피곤하다고 죽는 소리나 하지 말라고."

이튿날 아침, 쑨차이는 아침밥을 먹자마자 필기도구와 도장을 챙겨들고 집을 나섰다. 그리고는 4일 동안 집에 들어오지 않더니 5일째 되던 날 소금에 절인 파김치처럼 피곤에 푹 절어서 돌아왔다. 얼마나 피곤했던지 그는 한 마디도 하지 않고 그대로 침대에 고꾸라져 잠이 들었다.

다음날, 쑨차이는 이웃에서 리어카를 빌려와 담배, 술, 간장, 소금 등 일상용품을 하나 가득 실었다. 그리고는 아들에게 고기를 팔 수 있는 정육도구를 챙기라고 말했다. 그렇게 세 식구가 리어카 가득 물건을 싣고 류린현을 나갔다. 현의 상점 주인들은 이들의 행동을 비웃었고, 어떤 사람은 대놓고 빈정거렸다.

"쑨차이, 시골 구석에서 보부상 노릇을 하려나 보네요. 하지만 농민들은 아직 농번기여서 거둬들인 기름, 채소, 밀 등을 돈으로 바꾸지 못했을 텐데 대체 누구한테 물건을 팔려는 거죠? 설마 외상거래를 하려는 것은 아니죠?"

하지만 쑨차이는 사람좋은 웃음을 지으며 "외상으로 팔 겁니다"라고 말했다. 그 말은 농담이 아니었다. 쑨차이는 농번기가 오기 전에 성(城) 내 상점과 도매상 주인들이 싸게 처분하는 물건을 대량으로 구매해두었다. 그리고 이 시기를 '황금시기'로 본 그는 농번기로 바쁜 농민들에게 외상장사를 했다. 며칠 전 그가 필기도구를 챙겨들고 현에서 멀리 떨어진 몇몇 촌을 돌아다닌 것은 얼마나 많은 사람들이 물건을 사려 하는지 상황을 파악하기 위해서였다. 하지만 그들은 현금이 없었으므로 쑨차이는 외상으로 물건을 먼저 팔았다.

쑨차이는 농촌의 농번기를 놓치지 않기 위해 직접 물건을 배달했다. 그 대신 고객들은 한 번에 50위안 이상 구매를 해야 했다. 전부 외상구매가 가능했지만, 그러기 위해 쑨차이는 거래규칙을 정해두었다. 1위안의 물건값에 평소보다 2分(0.01위안)을 비싸게 팔아 배달비로 받았고, 1개월 내에 물건값을 모두 지불하도록 했던 것이다. 50위안마다 1위안씩 자금회전을 위한 이자가 붙었고, 기한을 넘긴 사람은 하루를 넘길 때마다 10위안에 1角(0.1위안)씩 이자를 더 내야 했다. 쑨차이는 보다 확실한 거래를 위해 물건을 구매할 때 그 자리에서 양측이 서명한 계산서를 영수증으로 삼았다. 이때, 50위안 이하로 구매한 사람들은 일률적으로 현금거래를 해야 하며 1위안 물건값에 5分~6分을 배달료로 더 받았다. 그의 명확한 계산법은 그와 고객 모두를 만족시켰다.

쑨차이 가족은 10여 일 동안 점포 내의 모든 물건을 팔아치웠고, 농번기가 끝날 때쯤에는 점포 문을 닫고 쉬었다. 농번기가 지나간 후, 쑨차이는 받을 것은 받고, 줄 것은 주고 계산을 확실히 하면서 20일가량을 바쁘게 지냈다. 그렇게 20일 동안 번 돈이 작년 1년 이윤을 초과했다. 아내와 아들은 쏸차이의 장사수완에 감탄하며 얼굴 가득 웃음꽃을 피웠다. 쏸차이는 아들에게 말했다.

"사업을 할 때는 기존의 것을 그대로 따라하면 안 되고 유연한 태도를 취해야 해. 항상 고객의 입장에서 생각하고 내가 조금 고생스럽더라도 모두가 편하면 고생을 감수해야 한다. 그러면 큰돈을 벌 수 있을 뿐 아니라 고마워하는 사람까지 생기는 법이야."

사업을 할 때는 유연한 태도로 융통성을 발휘해야 한다. 사업이 내 앞에 나타나기까지 기다리지 말고 능동적으로 일거리를 찾아나서야 하는 것이다. 일부 사업가들은 돈을 벌고 싶어도 판로가 없다고 아우성이지만, 사실 우리 눈앞에는 많은 기회가 있다. 단지 우리가 그것을 못 보는 것뿐이다.

적합한 판매시스템을 선택하라

창업자들이 회사를 설립한 후에 가장 힘들어하는 것 가운데 하나가 바로 판매망 구축이다. 판로가 없으면 물건을 아무리 잘 만들어도 소용이 없기 때문이다. 일단 판매시스템이 없으면 소비자 반응에 대한 정보를 신속하게 수집할 수 없으며 치열한 경쟁시장에도 적응할 수 없다.

이토록 중요한 판매시스템은 각 고객들의 상황, 시장경쟁, 각 유통경로의 특징 등에 기초하여 가장 적합한 것을 선택해야 한다. 더불어 단기, 중기, 장기의 이윤을 최대화할 수 있는 방법을 고려해보아야 한다. 이때 중요한 것은 반드시 네트워크를 형성한 판매시스템을 선택해야 한다는 것이다.

일단 판매시스템을 선택했다면 각종 마케팅과 판촉활동을 하기 전에 직원들을 대상으로 사전교육이 이루어져야 한다. 내부적으로는 고객과 직접적으로 대면하는 최고의 판매사원을 육성하고, 그들이 최신정보를 가장 빨리 접할 수 있도록 해야 한다. 사업계획의 성패 여부는 전쟁터의 최전선 승패에 달려 있기 때문이다. 외부적으로는 필요한 상황을 도매상, 소매상, 대리판매인, 하도급상 등에게 통보해야 하며, 기술적으로 복잡한 상품을 판매하는 판매사원은 전문적인 교육을 받아야 한다.

이 모든 것은 상품의 판매망을 구축하는 작업이므로 체계적으로 이루어져야 한다. 특히 제조회사에서 직접 소비자와 대면할 조건을 갖추고 있지 못하다면, 회사의 성패는 판매업자에게 달려 있다고 해도 과언이 아니다.

판매시스템을 선택할 때 고려해야 할 문제는 매우 많다. 다음은 국제마케팅협회에서 제시하는 원칙이다.

① 상품 유형

판매 경로를 선택할 때는 일용품, 영구소비품, 식품, 비식품 등 여러 가지 종류로 분류해야 한다. 상품마다 판매방법은 모두 다르다. 높은 가치를 지닌 귀중품 혹은 대형 제품은 안전한 경로로 판매해야 하기 때문에 '일대일 대면방식'으로 소비자와 접한다. 대량의 영세공업품은 도매경로를 거쳐야 하고, 신선도를 유지해야 하는 식품은 되도록 유통경로를 줄여야 한다.

② 고객 상황

고객의 상황을 알아보기 위해서는 다음의 내용들을 조사해야 한다. 상품을 구매하는 고객은 일반 소비자인가? 아니면 소수의 특정 소비계층인가? 다양한 소득층에 분포되어 있는가? 아니면 소수의 고소득 계층에 집중되어 있는가? 고객의 분포 지역이 명확하게 구분되는가? 아니면 각 지역에 고루 분포되어 있는가? 고객들은 연령, 성별, 직업 등에서 어떤 특징을 보이는가?

③ 판매자의 습관적 행동

판매자들은 자신만의 판매습관이 있다. 또한 상품마다 판매하는 방법도 다르다. 가격, 수수료, 이윤율, 지불 기한, 지불 방법에 있어서 판매자들은 모두 다른 특징을 가진다.

④ 회사의 능력

회사가 소매상에게 직접 판매하는가, 도매상을 거치지 않는가, 시장점유율은 얼마나 되는가, 창고·저장·운송 등의 판매시스템을 갖추는 데는 엄청난 비용이 들어가지만, 그러한 부대시설이 제대로 기능하여 창출해내는 이익 또한 상상을 초월한다. 그러므로 이러한 부대시설에 대해 한 번쯤 관심을 가져볼 만하다.

⑤ 판매자의 능력

이것은 선택하기 힘든 문제다. 판매자의 능력이 너무 부족하면 상품 판매와 목표 이익을 달성하는 데 지장이 있다. 그러나 판매자의 능력이 너무 뛰어나면 그들은 회사에 과도한 조건을 요구한다. 유능한 판매자들은 자기 뜻을 굽히지 않고 오히려 회사에게 양보를 요구한다. 이런 거물급 판매자들이 규모가 작은 회사를 자기 마음대로 쥐고 흔드는 경우도 부지기수다.

⑥ 법률제도의 한계

어떤 상품은 정해진 판매경로가 따로 있고, 어떤 판매자는 정해진 상품만 판매할 수 있다. 이런 판매시스템은 당연히 상품 판매가 잘 되도록 하는 것이 최대목적이다. 그러나 동시에 판매비용을 최대한 줄이는 것도 판매시스템의 중요한 목적이 된다. 판매수단과 추구하는 목표가 부합하기만 한다면, 즉 시장과 상품의 특징이 잘 맞아떨어지면 판매비용을 최소화할 수 있다. 모든 판매자들은 제품의 최종가격이 손해를 보지 않는 선에서 모든 비용을 최소화하고 싶어한다.

비용 측면에서 다음의 몇 가지는 우리가 고려해야 할 중요한 문제들이다.

① 노동력은 판매비용 중 가장 큰 지출항목이며 전체 비용의 50~60퍼센트를 차지한다.

따라서 판촉사원의 질을 높이는 것은 성공률을 높이는 데 있어 가장 중요한 관건이다. 특히 합리적인 대규모 기계장비를 이용하면 많은 노동력을 대체해 비용을 크게 줄일 수 있다.

② 운송비용은 약 10퍼센트를 차지한다.

만약 상품에 절대적인 경쟁력이 없다면 자체적인 운송능력을 갖춰야 한다. 그런 조건을 갖추지 못한 상황에서는 운송업체와 장기적인 계약을 맺어 운송에 따른 부담을 줄여야 한다.

③ 상품의 판매부진으로 지불해야 하는 대가는 너무 크다.

그러므로 모든 방법을 동원하여 상품을 원활하게 회전시켜야 한다. 각 판매자와 자주 연락을 취해 가장 빨리 '입고-저장-회전' 할 수 있는 방법을 찾아라. 그리고 상품구매 비용과 상품저장 비용 간의 적당한 비율을 찾아야 한다. 이런 과정에서 미세한 차이 때문에 고민스러운 문제가 생기기도 하는데, 이때는 오랜 경험자의 노하우를 연구해볼 가치가 있다.

6장

조직을 후퇴시키는,

낡은 경영관 바꾸기

자기 자신을 희망의 증거로 삼아라

우리는 모든 일을 스스로 해결해야 한다. 외부조건이 어떤 영향을 미치든 최후의 결정은 자기 스스로 내려야 하는 것이다. 이는 곧 홀로 세상에 맞서야 한다는 것을 의미한다.

사업도 마찬가지다. 주변 사람들이 도와줄 것이라는 얕은 희망을 가져서는 안 된다. 외부의 도움을 받아 사업에서 성공할 수 있을 거라는 꿈은 커다란 오산이다.

가진 것이라곤 몸뚱이밖에 없어 그야말로 밑바닥부터 훑어 올라와 자수성가한 어떤 사람이 있다. 그는 자기 자신을 담보로 사업자금을 모았고, 프로젝트를 수행할 때도 다른 사람의 조언을 구하지 않고 직접 발품을 팔며 문제점을 해결했다. 또한 고객 데이터베이스가 전무한 상태에서 고객을 개척하는 일도 직접 처리했다.

마침내 백만장자가 된 그는 그동안 겪은 어려움 때문이었는지 이렇게 토로했다.

"난 왜 부잣집에서 태어나지 못했을까?"

부모가 상당한 재산을 물려주거나 제법 큰 사업체를 물려준다면 사업을 할 때 확실히 많은 도움이 된다. 창업할 때 빈손으로 시작하는 사람보다 어려움을 덜 겪는 것이다. 하지만 부잣집에 태어난다고 해서 성공이 보장되는 것은 아니다. 역사적으로 보면 넉넉하게 시작한 사람이 패가망신한 경우도 부지기수다. 어떤 경우든 중요한 것은 바로 자기 자신이다. 스스로 해결하겠다는 의지가 굳은 사람은 어떤 경우에도 살아남을 수 있지만, 그렇지 않은 경우에는 아무리 주위 조건이 좋더라도 결국 가라앉고 만다.

러시아 우화집에 보면 이런 이야기가 나온다.

어느 시골농부가 거위를 팔려고 도시로 가는 길이었다. 거위들은 길에서 행인을 만나자 주인에 대해 이런저런 불만을 늘어놓기 시작했다.

"우리의 운명은 정말 기구해요. 세상에 우리처럼 불행한 거위가 또 있을까요? 주인은 길을 걸을 때조차 우리를 이리저리 몰면서 마음대로 못 걷게 해요. 우리를 다른 거위들과 똑같은 족속으로 보고 대우하죠. 사실 우리는 고귀한 귀족 출신이랍니다. 로마를 구한 거위가 바로 우리 조상이거든요. 로마는 아직도 우리 조상들의 이름을 성대하게 기념하고 있나요?"

그때 행인이 물었다.

"그런데 너희들이 다른 거위와 다른 점은 뭐지?"

"그건 말할 것도 없이 우리 조상들이……."

"그래, 그건 나도 책에서 읽었어. 하지만 너희가 했던 훌륭한 일이 무엇인지 말해달란 말이야."

"말했잖아요. 우리 조상들이 로마에서……."

"너희들이 직접 다른 사람을 위해 그런 공헌을 한 적이 있니?"

"우린 없어요."

"그럼 너희들은 대단할 게 없잖아. 조상 이름을 팔지 마! 영예는 조상들에게 돌아가야 마땅하지. 다른 사람이 차린 밥상을 거저 먹으려 하면 되겠니?"

경제활동을 하면서 많은 사람들이 '거위'와 비슷한 생각을 가지고 있다. 하지만 그들이 가진 경제적 우월감은 근거가 없다. 만약 그 근거없는 우월감에 젖어 부모의 후광을 업고 돈을 벌려고 한다면 인생의 가치, 지혜, 재능을 모두 잃고 비애의 늪에 빠지고 말 것이다.

비즈니스 세계에서는 주변에 어떠한 도움의 세력이 있든 결국 결론을 내려야 하는 것은 자기 자신이다. 따라서 자립적, 적극적 마인드 없이 누군가 다른 사람에게 기대 단번에 청운의 뜻을 이루려는 것은 무모한 일이다. 이 세상에 구세주는 없다. 믿을 사람은 오직 자기 자신뿐이다.

경험주의에서 벗어나라

우리는 종종 어떤 판단을 내릴 때, 과거의 경험에 의존하곤 한다. 하지만 과거의 경험은 죽은 지식이다. 물론 경험을 완전히 배제할 수는 없지만, 그것에 지나치게 기대서도 안 된다. 과거에서 벗어나야만 창조적인 사고, 넓은 시야, 치밀한 사유능력, 과감한 자신감, 예리한 관찰력을 발휘할 수 있다. 이러한 능력을 갖추게 되면 언제든 창의적인 사고를 할 수 있고, 또한 치열한 경쟁환경에서 항상 앞서 나갈 수 있다. 모든 역경을 뛰어넘어 두려움 없는 경지에 오르게 되는 것이다.

소규모 운수회사를 운영하던 데라다 치요노는 1970년대에 석유파동을 겪으면서 어려운 상황에 놓이게 되었다. 활로를 모색하던 그녀는 '이사를 할 때 모든 것을 도와주는' 새로운 분야에 진출해보기로 결심했다. 그녀는 이삿짐센터는 단순히 이삿짐만 나르면 된다는 고정관념을 깨뜨리고자 했던 것이다.

결국 그녀는 '해야 할 일이 생각나면 무엇이든 한다' 혹은 '현재 할 수 있는 일은 뭐든 한다' 라는 혁신적인 경영방침으로 기존의 이삿짐 운반회사들이 맡았던 서비스 영역을 넘어 '종합적인 이사서비스 제공' 을 경영목표로 삼았다. 이사와 관련된 일체의 업무를 광범위하게 연계해 새로운 서비스를 제공하기로 했던 것이다.

우선 그녀는 고객들이 전화번호부에서 찾기 쉬운 회사명을 생각해냈다.

일본의 전화번호부는 업종별로 분류되어 있고, 동일 업종에서는 히라가나 순서대로 배열되어 있다. 일본어의 첫 번째 히라가나는 '아' 이므로 그녀는 회사명을 '아트코퍼레이션' 이라고 지었다. 덕분에 그녀의 회사는 동일 업종에서 가장 윗자리를 차지하게 되었다. 그런 다음 고객들이 기억하기 쉽도록 한 번 보면 잊지 못할 번호 '0123' 을 전화국에 신청했다.

물론 아트코퍼레이션 역시 짐을 운반해준다는 점에서는 다른 이삿짐 운반회사와 다를 것이 없었다. 하지만 데라다 치요노는 사람들이 모두 골치아프게 생각하는 이사를 '즐거운 여행' 으로 만들었다.

일단 그녀는 이삿짐 차량부터 특수하게 설계하기 위해 독일 바엘 국제회사에 차량의 설계제조를 의뢰했다. 그 차는 길이가 12미터이고 높이가 3.8미터로 설계되었다. 앞부분은 절반이 복층으로 구분되어 있는데, 1층은 운전석이고 2층은 6명을 수용할 수 있는

객실로 꾸며져 있다. 그 안에는 안락한 소파와 아기를 재울 수 있는 요람, TV, 카세트, 입체음향기기, 냉장고, 오락기 등이 갖춰져 있다. 그리고 차의 뒷부분은 가구와 짐을 실을 수 있는 수화물칸으로, 적재량이 7톤이기 때문에 웬만한 가정의 집안 살림은 모두 한 번에 실을 수 있다.

데라다 치요노는 이 특별한 트럭과 함께 컨테이너와 기중기를 따로 제작해 이사작업을 수월하게 진행하도록 했다. 이러한 수송방법은 안전하고 믿을 만할 뿐 아니라 지나가는 행인에게 짐이 노출되지 않아 물건이 유실되거나 손상될 염려가 없었다. 또한 집안 살림을 외부인에게 보이고 싶어하지 않는 고객들의 욕구도 만족시킬 수 있었다.

데라다 치요노의 서비스는 이것이 전부가 아니다. 그녀는 이사할 때 생기는 여러 가지 복잡한 잡일까지 처리해주고 있다. 예를 들면 새 집의 실내 인테리어와 장식, 실외 환경, 청소와 소독, 오래된 물건을 처리하고 폐기하는 작업, 전입신고, 전화번호 변경, 신문배달 변경, 수도 · 전기 공급, 아이들의 학교 전학문제 등 이사와 관련된 여러 가지 크고 작은 잡무를 일괄적으로 처리해주는 것이다.

이처럼 이삿짐 종합서비스를 제공한 이후, 아트코퍼레이션은 지방의 작은 기업에서 전국적으로 수십 개의 대리점을 보유한 중견기업으로 고속 성장했다. 더욱이 이 회사의 선진기술은 동남아와 미국으로까지 널리 수출되고 있다.

NUMBER

3

신뢰 없이는 성공도 없다

지방에서 화학섬유를 전문적으로 생산하는 타이싱 사는 설비 노후와 자금부족으로 허덕이고 있었다. 그러던 어느 날, 사장 리훼이는 상하이의 한 방직회사에서 보낸 편지를 받게 되었다. 편지의 내용은 타이싱 사와 협력하여 화학섬유를 생산하길 원하며, 계약조건으로 그들이 인민폐 500만 위안을 투자해 생산라인을 건설하고 타이싱의 생산능력에 따라 이윤을 분배하자는 것이었다.

리훼이는 너무 기뻤지만, 상대방이 내세운 조건을 보고 약간 망설여졌다. 타이싱은 설비가 낡아 매년 고작 100~200톤밖에 생산하지 못했기 때문이다.

'이윤을 나눌 때 혹시 손해라도 보면 어쩌지?'

그는 고민 끝에 우선 그 어마어마한 투자액을 챙긴 후에 방법을 다시 강구해보기로 했다. 이튿날, 리훼이는 공장책임자에게 상하이로 회신을 보내도록 시켰다. 그는 답장에서 타이싱에는 200명의 직원이 있으며 생산량이 수백 톤에 이르는 유명기업이라고 허풍을 떨었다. 그리고 이윤을 분배할 때 우선권과 경영권을 줄 것을 요구했다.

얼마 지나지 않아 상하이에서 회답이 왔다. 그들은 타이싱 사의 조건에 만족하고 있으며 직원을 파견해 시찰한 후 다시 논의하자고 했다. 리훼이는 공장책임자를 시켜 인근의 기계공장에서 설비 몇 대와 직공들을 빌려왔다. 그렇게 리훼이는 감쪽같이 공장을 단장하고 상하이 시찰단을 맞을 준비를 했다.

얼마 후, 상하이 방직회사의 엔지니어가 타이싱으로 파견되었다. 리훼이는 20대로 보이는 젊은 엔지니어를 보고 속으로 환호성을 질렀다. 그는 직접 엔지니어를 데리고 공장을 데리고 다니며 깨끗한 부분, 공장 내의 활기찬 기계작동 소리, 트럭이 출입하는 바쁜 모습만을 보여주었다. 그러고는 창고 앞의 트럭을 가리키며 말했다.

"이것은 모두 해외 거래처에서 주문한 제품입니다. 주문량이 많아 어떤 거래처는 며칠씩 기다려야 합니다."

엔지니어는 부러운 듯 고개를 끄덕이고는 물었다.

"공장의 연 생산량이 얼마나 됩니까?"

"1,000톤쯤 됩니다. 그래도 주문량이 많아 생산량이 턱없이 부족합니다. 생산설비를 늘리고 싶어도 자금이 부족해서 고민하고 있는 중입니다."

리훼이는 한숨을 내쉬며 고개를 절레절레 흔들었다.

"만약 귀사에서 조금 더 투자를 해준다면 미래는 한층 더 밝아지겠지요."

엔지니어는 고개를 끄덕이며 말했다.

"제가 돌아가서 사장님께 보고하도록 하겠습니다. 자금에 대해서는 잘 얘기하지요. 하지만 사장님께서 제게 말한 수치는 정확해야 합니다."

"당연하지요. 협력하기로 한 이상 신용을 제일로 해야 합니다."

두 사람은 화기애애한 분위기로 이야기를 마친 후, 차를 타고 공장사무실로 향했다. 그런데 갑자기 엔지니어가 운전기사에게 말했다.

"기사님, 죄송합니다. 차를 좀 세워주세요. 화장실을 다녀와야겠어요."

그가 보일러실 옆에 있는 작은 화장실로 가려 하자, 리훼이는 황급히 말했다.

"이 화장실은 좀 더럽습니다. 앞쪽으로 가시지요."

"아닙니다. 배탈이 났나 봅니다. 못 참겠어요. 급한데 그냥 가겠습니다. 귀빈도 아닌데 아무 화장실이나 사용하면 어떻습니까."

엔지니어는 급히 화장실로 달려갔다. 이윽고 그들이 사무실에 도착했을 때, 리훼이는 엔지니어에게 보고서를 건넸다.

"이것은 상반기 생산통계입니다. 이 속도로 나간다면 금년에 아마 1,200톤 정도는 문제없이 생산할 수 있을 겁니다."

엔지니어는 보고서를 훑어본 후, 계산기를 몇 번 두드려보더니 말했다.

"사장님, 수치가 틀리군요. 제 계산에 따르면 이 공장은 기껏해야 200톤밖에 생산하지 못하는데요."

그 말을 들은 리훼이는 깜짝 놀라는 척하며 물었다.

"200톤이라뇨! 무슨 근거로 그렇게 말하는 겁니까?"

"방금 화장실에 다녀오면서 공장의 연통을 한번 재보았습니다. 직경이 1.5미터더군요. 이것은 곧 매일 40명의 직공이 사용하는 동력이라는 얘기지요. 이 공장에서 하루 평균 5톤씩 생산한다 할지라도 200톤이라는 수치밖에 나오지 않아요. 저는 열 동력에 대해서는 전문가 수준이지요."

여기까지 말한 엔지니어는 조용히 일어서서 엄한 어조로 말했다.

"지방 기업을 보조하는 것은 도시 기업들의 책임이자 의무입니다. 그러나 이렇게 사기를 치는 공장과는 협력이 불가능하다고 생각합니다. 그럼 이만 가보겠습니다."

엔지니어는 문을 열고 나가버렸고, 사무실에는 멍한 표정의 리훼이만 홀로 남았다. 그제야 그는 기업에서 신용과 지식이 얼마나 중요한지 깨달았던 것이다.

시장은 신용을 가장 중요하게 생각한다. 신용이 없는 사람은 다른 사람에게 믿음을 주지 못한다. 설사 그런 사람이 운 좋게 성공할지라도 결국 자기 꾀에 자기가 넘어가는 결말을 맞게 될 뿐이다.

시장수요를 제대로 읽어라

창업은 마음만 있으면 할 수 있지만, 경영을 잘하기는 어렵다. 과거 창업자가 겪은 어려움은 성공에 가려지기 쉽고, 성공 후에는 창업 초기의 열정이 사라지기 쉽기 때문이다. 또한 창업을 하는 과정에서 얻은 성과와 경험은 때로 짐이 되고 자만심의 발단이 되며, 심지어 함정이 되기도 한다. 무엇보다 계속 앞으로 나아가는 것을 막아 결국 회사가 쇠퇴의 길로 접어드는 복병이 된다.

세계적인 대기업 애플 사의 쇠퇴는 그 대표적인 사례다.

과거 애플 사는 PC업계의 맹주였고, 창립자 스티브 잡스는 컴퓨터의 황제로 불렸다. 한때, 스티브 잡스는 PC와 히피족의 대명사로 여론의 관심을 한몸에 받았다. 덕분에 그는 자만심이라는 악순환에 빠져 자신의 의견과 조금만 달라도 귀담아들으려 하지 않았다. 이에 따라 애플 사의 발전 속도는 더뎌졌고, 마침내 스티브 잡스는 PC업계에서 시들어가는 꽃으로 전락했다.

경쟁이 치열한 PC사업에서는 조금만 긴장을 늦춰도 경쟁사에 뒤처진다. 특히 첨단제품의 경우에는 기술개발 속도가 매우 빨라 오늘의 번영이 반드시 내일의 성공을 의미하지는 않는다. 지금까지 컴퓨터는 18개월을 주기로 2배씩 성장했고, 더불어 가격은 2배씩 하락했다. 그야말로 피를 말리는 경쟁이 치열하게 전개되는 상황이었기에 컴퓨터 회사들은 경쟁사와 시대에 뒤지지 않기 위해 부단히 새로운 기회를 찾았다.

그러나 애플 사의 스티브 잡스는 한동안 이러한 현실에 무감각했고, '모든 컴퓨터 회사들은 매년 제로에서 시작한다'는 원칙을 무시했다.

1970년대 말, 스티브 잡스는 비싼 가격과 기능만 많고 실용적이지 못했던 대형 컴퓨터의 결점을 보완해 대중적인 '애플 I' PC를 생산했다. 당시는 불황기였지만, PC에 대한 잠재수요가 높다는 것을 간파한 애플 사는 잇달아 세 가지 모델의 컴퓨터를 생산해냈다. 예상대로 그 제품들은 미국 신흥 컴퓨터시장을 거의 독점하다시피 했고, 애플컴퓨터가 위치한 실리콘밸리는 점점 세계 하이테크놀로지의 상징이 되었다. 더불어 수백 개의 정보기술 회사들이 실리콘밸리로 모여들었고, 세계가 경탄할 만한 기적들을 이루어냈다.

첨단기술의 발전은 치열한 경쟁을 초래했다. 한때, 다른 경쟁사에 자신의 위치를 빼앗길까 노심초사했던 스티브 잡스는 회사 사장인 스코트에게 자신의 심경을 털어놓았다. 그러자 스코트는 날 카로운 직관력으로 시장상황을 예측해주었다.

"시장이란 본래 경쟁의 무대입니다. 또한 경쟁의 심판대이기도 하지요. 2년 내에 하이테크놀로지 업종에 종사하는 소규모 기업들은 모두 도산할 겁니다. 그들의 머릿속에는 돈을 벌어야겠다는 망상밖에 없습니다. 그러나 애플은 승리에 필요한 모든 자본을 가지고 있습니다. IBM과 DEC, 이 두 회사는 위협적이지만 아직 PC 시장이 가진 방대한 잠재력을 눈치채지 못하고 있습니다. 애플 사야말로 영원한 승자입니다. 적어도 10년 동안은요."

스코트는 개인 컴퓨터의 발전을 비교적 정확하게 예측했다.

1977년, 애플이 두 번째 PC '애플 II'를 시장에 출시하자 고객들이 문전성시를 이루었다. 제품은 만들기가 무섭게 팔려나갔고, 스티브 잡스는 가만히 앉아 성공이 가져다준 모든 것을 누릴 수 있었다. 하지만 그는 성공을 너무 쉽게 얻었다. 덕분에 그의 두지는 돈이 가져다준 영화에 녹아버렸고, 제왕의 권좌에 앉아 현실에 안주했다.

애플이 5년간 성공의 단꿈에 취해 있을 무렵, 거대공룡 IBM이 1981년 PC부문으로의 진출을 선언했다. 이는 곧 PC전쟁이 도래했음을 의미했지만, 스티브 잡스는 아무런 대응도 하지 않았다.

애플은 자신들의 과학기술 개발능력에 도취되어 고객과의 교류를 소홀히 하였다. 그뿐 아니라 같은 업종에 종사하는 다른 회사들과의 협조도 마다했다. 문제는 애플 사가 기술적으로 너무 앞서가는 바람에 다른 기계들과 호환이 되지 않았고, 덕분에 최고급 기술을 보유하고 있음에도 불구하고 서서히 고객들로부터 외면당하게 되었다는 점이다. 결국 애플 사는 1994년까지 불황의 늪에서 벗어나지 못했다.

하지만 숙련된 PC프로그래머와 풍부한 시장경험을 가지고 있던 IBM은 스티브 잡스의 그러한 실수를 기회로 받아들였고, 애플 사는 기껏 공을 쌓은 후 그것을 고스란히 IBM에 넘겨준 꼴이 되고 말았다.

애플 사가 범한 두 번째 실수는 애플Ⅲ, iMAC, 매킨토시를 출시한 것이다. 이 세 가지 모델은 기술적으로는 최고였으나 치명적인 결점을 안고 있었는데, 그것은 바로 애플Ⅱ와 호환할 수 없다는 점이었다. 애플Ⅱ는 한때 최고의 인기를 구가하던 컴퓨터였다. 그러나 애플Ⅱ를 사용하던 많은 고객들은 애플 사의 신제품이 호환이 불가능하다는 사실을 알고 과거만큼 애플 컴퓨터에 관심을 갖지 않았다. 또한 이 세 가지 모델은 뛰어난 성능만큼이나 가격이 비싸 일반 가정에서는 감히 살 엄두도 못냈다.

결국 애플 사는 점점 컴퓨터 시장에서 밀려나기 시작했다. 그러나 IBM의 컴퓨터는 기술적으로는 애플 사를 따라가지 못했지만, 어떤 기계와도 호환이 가능했고 가장 최근에 업그레이드된 소프트웨어도 사용할 수 있었다. 당연히 IBM 컴퓨터를 사용하는 사람들이 크게 증가했다. 애플 사는 고도의 기술을 지니고 있었음에도 불구하고 고객들의 상품 수용능력을 소홀히 해 결국 IBM 제품이 시장을 잠식해가는 꼴을 그냥 지켜보아야만 했다.

천하를 재패했다고 해서 천하를 다스릴 수는 없다. 스티브 잡스는 대단한 기개로 천하를 재패했지만, 자신이 개발한 컴퓨터시스템을 시장에 개방하지 않아 전 세계 컴퓨터 시장을 다스릴 절호의 기회를 놓치고 말았다. 창업보다 수성(守城)의 어려움을 잘 보여주는 사례다.

과거의 성공은 현재의 위험요소다

"아디다스를 신는 것은 승리의 보증수표다."

1950년부터 1980년까지 우리는 대형 스포츠 경기장에서 예외 없이 이러한 광고 문구를 볼 수 있었다. 수많은 스포츠선수들이 아디다스 마크가 찍힌 옷과 신발, 도구들을 착용했고 그것은 마치 세뇌라도 당하듯 능력과 행운의 상징으로 여겨졌다.

아디다스는 오랜 역사를 지닌 독일의 운동화 생산업체로, 세계 고급운동화 시장을 수십 년간 독점해왔다. 그러한 아디다스가 몇 년 만에 이름도 없던 '나이키' 사에 패한 이유는 무엇일까?

1936년, 미국의 운동선수 제시 오웬즈가 아디다스를 신고 눈부신 승리를 거두면서 이름도 없던 작은 신발업체는 순식간에 세계적으로 이름을 날리게 되었다. 아디다스는 이 일을 계기로 운동화를 대규모로 생산하기 시작했고 적극적으로 운동경기 스폰서에 참여했다.

또한 매년 신제품을 출시했고 제품의 종류는 트랙슈즈를 비롯하여 축구화, 테니스화 등 각종 운동화를 망라했다. 그리고 판매시장은 세계 벽지까지 확대되어 연 매출액은 10억 달러에 이르렀다. 무엇보다 아디다스는 홍보전략에서 앞서갔다. 이들은 스포츠산업에 아낌없이 돈을 투자했고, 국제 경기가 열리는 곳은 어디든 아디다스 광고의 집결지로 변할 정도로 각종 시합에 스폰서로 나섰다. 동시에 해외로 눈을 돌려 상표와 생산특허를 외국에 수출했다. 특히 개발도상국의 풍부한 노동자원을 이용해 새로운 가치를 창출함으로써 직접 투자액은 줄이고 상품의 판매영향력은 높이는 일석이조의 경영효과를 보았다.

그 무렵, 미국에서 아디다스의 경쟁사가 기지개를 켰다.

1960년대와 1970년대, 미국에서 운동붐이 일어났고 남녀노소 할 것 없이 수천만 명이 거리로 나와 여러 가지 방법으로 신체를 단련했다. 그중 가장 인기를 끌었던 종목이 조깅이다. 조깅인구는 갈수록 늘었고 더불어 조깅화의 수요는 폭발적으로 증가했다. 1970년대 말 통계에 따르면 그 해에만 2,500만 개의 조깅화가 팔려나갔다고 한다. 이는 한 쌍의 가격을 5달러로 계산해도 연 판매액이 2억 달러에 달하는 커다란 시장이다.

이러한 상황에서 미국의 장거리달리기 선수인 필립 나이트와 그의 코치인 바우어만은 1972년에 나이키 사를 설립하였다. 운동선수 출신이었던 이들은 어떤 운동화가 고객의 사랑을 받는지 잘 알고 있었고, 운동화에 과학을 접목해 훈련이나 경기의 목적에 맞게 개조했다. 덕분에 나이키 운동화는 대중들에게 커다란 인기를 얻었다.

회사의 발전속도는 놀라울 정도였다. 1972년 설립 당시만 해도 생산가치가 200만 달러에 그쳤던 것이 1976년에는 1,400만 달러로 성장하였고 1982년에는 6억 9,000만 달러의 매출기록을 세웠다. 반면, 아디다스는 미국에서의 점유율이 계속 줄어들었고 심지어 미국 시장에서 퇴출될 위기에 놓였다.

물론 그 책임은 아디다스에 있다. 미국에서 조깅붐이 일어났을 때, 아디다스는 판단착오를 일으켰다. 미국은 유행이 빠른 만큼, 그 열기도 빠르게 식을 것이라 생각했던 것이다. 그러나 미국 전체를 달아오르게 한 운동열기는 쉽게 식지 않았고, 운동붐은 더욱 확산되었다.

또한 아디다스는 이름도 없던 나이키 사를 우습게보았다. 소규모 기업의 도전을 대수롭지 않게 여겼던 것이다. 아디다스는 나이키도 과거 다른 기업과 마찬가지로 한 번 뜨고 사라질 기업이라고 생각했다. 그들이 스포츠화에 과학적이고 체계적으로 접근하고 있다는 것에 대해서는 생각도 하지 못했다.

앨빈 토플러는 《제3의 물결》에서 "과거의 성공은 현재의 위험요소가 된다"고 했다. 아디다스는 과거에 놀라운 업적을 달성했지만 높은 실적에 도취되어 경각심을 늦추었고, 그것은 나이키가 쉽게 도전할 수 있도록 문을 활짝 열어준 것이나 다름없었다.

그렇다고 나이키에 아디다스를 패배시킬 특별한 묘수가 있었던 것은 아니다. 나이키의 승리전략은 그저 효율적인 모방이었다. 아디다스에게 배운 경영과 판매경험을 기초로 아디다스를 공격했던 것이다. 반면, 아디다스는 나이키에 대해 잘 알지 못했다. 이런 두 기업이 보여준 극명한 대비는 두 기업의 운명에 고스란히 반영되었다.

NUMBER

6

욕심이 지나치면 화를 부른다

경영을 하다 보면 어느 순간 규모를 확장해야 한다는 과제를 안게 된다. 어느 누가 사업을 하면서 크게 발전하고 싶지 않겠는가. 그러나 회사를 크게 발전시키고 싶다면 재생산을 늘려야 하고, 그러자면 더 많은 투자를 해야 한다. 하지만 개인이 지닌 투자범위에는 한계가 따르게 마련이므로 대출에 대해 심각하게 고민하지 않을 수 없다.

사실, 경영자라면 누구나 '대출을 받아야 하는가', '대출을 받을 수 있는가', '얼마나 대출을 받아야 하는가' 등에 대해 갈등하고 고민한다. 어떤 사람은 은행에서 돈을 빌릴 수 있는 것도 능력이라고 평가한다. 대출에 까다롭기로 유명한 은행에서 아무에게나 돈을 빌려주지는 않을 것이라는 계산에서다.

대우그룹은 중국인들이 잘 아는 한국의 재벌기업이었다. 대우가 생산하는 자동차, 컬러TV, 음향기기 등은 중국에서 좋은 평가를 받았고 판매도 순조로웠다.

30년 전, 대우는 소규모 방직품 무역회사였다. 하지만 한국 정부의 도움에 힘입어 대우는 비약적인 발전을 할 수 있었고, 20년 동안 대우는 조선, 전자, 건축, 금융, 자동차 산업으로 그 영역을 넓혀갔다. 그리고 세계 50위의 초강대기업으로 성장했다. 대우는 한국을 대표하는 기업으로 자리매김했고, 회장 김우중은 한때 의지와 지혜를 겸비한 기업가의 모범으로 추앙되었다.

그러나 대우의 경영방법에는 심각한 허점이 있었다. 장기간 정부로부터 엄청난 액수의 재정보조를 받아온 대우는 비용감소 노력을 게을리했고, 덕분에 계속 높은 비용으로 글로벌기업들과 경쟁하게 되었다. 하지만 정부보조에 힘입어 수출실적이 좋았기에 대우는 그것에 눈이 멀어 자신들의 약점을 발견하지 못했다. 오히려 대우는 규모 확대에 열을 올렸고, 그 자금은 당연히 은행대출금이었다.

더욱이 대우는 신흥시장에 대한 잠재력을 과대평가하여 몇 년에 걸쳐 폴란드, 인도, 우즈베키스탄에 자동차 공장을 설립했다. 이처럼 기세당당한 해외진출은 사람들의 흥분을 불러일으켰지만, 무리한 확장은 대우가 지탱할 수 있는 한계를 넘어버렸다.

대우의 엄청난 부채는 눈덩이처럼 불어났고 웬만한 개발도상국의 1년 GDP에 해당하는 500억 달러를 넘어섰다. 만약 아시아의 금융위기가 발발하지 않았다면 대우의 문어발식 경영은 계속

수면 밑에 감춰져 있었을지도 모른다. 아니면 좀더 시간이 흐른 후에야 그 위험을 드러냈을 것이다.

하지만 금융위기가 발발한 후, 모든 것이 변했다. 금융위기는 한국의 국가경제를 불황의 늪으로 빠뜨렸고, 심각하게 악화된 금융상황으로 인해 은행은 대출금 상환을 독촉했다. 대우의 수출액은 감소했고 국내 판매는 시장의 위축으로 급감했으며, 은행은 시시각각 숨통을 조였다. 회사 업무가 마비되는 사태가 벌어졌지만, 이미 정부에서도 국가채무를 감당하기에 벅찬 상태였기에 과거처럼 대우를 보조해주기란 불가능했다.

결국 대우는 엄청난 대출금을 감당하지 못하고 침몰해버렸다.

회사의 발전과정에서 지나친 욕심은 금물이다. 대다수 기업들이 규모를 확대하기 위해 은행대출에 의존하지만, 은행은 이윤을 목적으로 한 기업이지 자선단체가 아니다. 즉, 빌린 돈은 반드시 갚아야 하고 이자도 함께 상환해야 한다. 만약 상환하지 못한다면 법률에 따라 파산신청 등의 수단을 통해 투자금을 상환해야 한다. 그러므로 부채를 얻어 발전을 도모하려 할 때는 반드시 회사의 장래와 상환능력을 신중히 고려해보아야 한다. 능력껏 사업을 벌여야지, 분에 넘치는 부채를 얻어 이익을 도모하려고 하면 회사는 파산할 수밖에 없다.

NUMBER 7

하늘이 두 쪽 나도 신용은 지켜라

일본의 백은선사(白隱禪師)는 그 도행이 깊어 명성이 높고 그와 관련된 일화도 많이 전해지고 있다.

한번은 백은이 기거하는 선사 부근의 한 여자아이가 임신을 하는 사건이 벌어졌다. 여자아이의 어머니가 노발대발하며 임신을 시킨 남자를 찾아내겠다고 소란을 피우자, 그 여자아이는 어이없게도 아기의 아버지가 백은 스님이라고 말했다.

여자아이의 어머니는 선사로 달려가 백은 스님을 찾으며 울고 불고 소란을 피웠다. 이윽고 일의 자초지종을 듣게 된 백은 스님은 아무런 변명도 없이 태연하게 여자아이의 어머니에게 말했다.

"그렇습니까?"

마침내 아기가 태어나자 여자아이의 어머니는 사원의 모든 승려 앞에서 백은 스님에게 아기를 건네며 키워달라고 말했다. 백은 스님은 조심스럽게 아기를 건네받아 방으로 들어갔고, 아기에게 우유를 먹였다.

몇 년 후, 양심의 가책을 느낀 여자아이는 사건의 진상을 사람들에게 고백했다. 그리고 직접 백은 스님을 찾아가 용서를 빌었다. 그때 역시 백은 스님은 얼굴색 하나 변하지 않고 태연하게 말했다.

"그렇습니까?"

사람들은 백은 스님이 중상모략을 당했음에도 불구하고 태연하게 일을 처리하고 자비를 보이는 모습에 감탄을 금치 못했을 것이다. 그러면 여기서 다른 각도, 즉 임신을 한 여자아이의 입장에서 이 고사를 다시 살펴보자.

사실, 그 여자아이는 백은 스님이 아기를 받아 키운 후 모든 것을 떨쳐버리고 다시는 그 일을 생각하지 않으리라 결심했다. 아무도 자신의 비밀을 알지 못했기 때문이다. 그러나 그녀의 양심은 고통을 참지 못하고 스스로 자신의 죄를 고백하게 했다. 이처럼 잘못을 하거나 양심에 어긋나는 행동을 한 사람들은 모두 양심의 가책을 느낀다.

일상생활에서 발생하는 모든 일들은 은연중에 우리의 양심을 시험한다.

중국에서 개인사업체를 운영하는 어떤 사장은 사실 지독히 가난한 데다 창업경험이 전혀 없는 사람이었다. 그런데 그가 사업을 시작하기로 마음먹었을 때, 이웃과 친구들은 너나없이 돕길 원했고 그에게 십여 위안씩 돈을 빌려주었다. 그리고 열심히 노력한 그는 결국 성공했다.

사람들은 왜 그에게 서슴없이 돈을 빌려주었을까?

인민공사(人民公社; 1958년 설립된 중국 농촌의 사회생활 및 행정조직의 기초 단위—옮긴이)가 실시되었을 때 그는 공장의 동료와 내기를 했는데, 지는 사람이 타작마당에서 돌을 줍기로 했다. 내기에서 진 그는 두말없이 돌을 주우러 갔다. 동료는 그냥 농담이었으니까 진짜로 돌을 주울 필요는 없다고 말했지만, 그는 내기를 했으니 벌칙을 받아야 한다며 돌을 주웠다.

그는 2개월 동안 엄청난 양의 돌을 주웠고, 그로 인해 타작마당에 공터가 생기자 거기에 복숭아나무 몇 그루를 심었다. 얼마 후, 복숭아나무에 열매가 가득 열리자 사람들은 그 복숭아를 따먹으며 그의 성실함과 신용을 칭찬했다. 바로 그러한 성실성을 인정받아 사람들이 너도나도 그에게 돈을 빌려주었던 것이다.

미국의 도미노피자는 설사 경제적 손실을 입을지라도 회사 이미지를 지키기 위해서는 아낌없이 돈을 투자한다. 한 번 신뢰를 잃으면 그것을 회복하기가 어렵다는 것을 잘 알기 때문이다.

어느 날, 장거리운송차가 고장나 매장으로 밀가루 반죽을 공급하는 일에 차질이 생기고 말았다. 이때, 도미노피자는 곧바로 운송비행기를 임대해 자칫 생산이 중단될 뻔한 매장에 밀가루 반죽을 운송했다.

몇백 킬로그램의 밀가루 반죽을 운송하기 위해 비행기까지 임대한 것은 정말로 가치 있는 일이었을까? 그 밀가루 반죽의 가격은 비행기 임대료의 채 10퍼센트도 되지 않는다. 어떤 사람은 이를 두고 이해할 수 없다고 말한다. 그러나 신용을 최우선으로 여기는 도미노피자의 입장에서 보면 그것은 당연한 일이다. 비행기로 운송한 것은 몇백 킬로그램밖에 안 되는 밀가루 반죽이었지만, 거기에는 회사의 신용과 희망이 들어 있었다. 그것이 바로 도미노피자가 미국 식품업계에서 '중견업체'로 성장할 수 있었던 비결이다.

전쟁터와 다름없는 비즈니스 세계를 들여다보면 남을 속이고, 돈을 떼어먹고, 풋내기를 속이고, 가짜를 만들어 파는 비열한 수단들이 자행되고 있음을 알 수 있다. 이들은 자신이 똑똑하다고 착각하고 있지만, 사실은 가장 바보같은 사람들이다. 결국은 자기 꾀에 자기가 넘어갈 뿐이며, 자신과 남을 모두 해치는 행위이기도 하다.

남을 속이지 않아야 마음의 안녕을 유지할 수 있고, 이런 생활은 그 자체로써 이익이고 기쁨이다. 분명 남을 속이지 않는 사람은 더 아름답게 세상을 바라볼 수 있으며 삶의 진정한 기쁨을 맛볼 수 있을 것이다.

NUMBER

싫은 사람을 만들지 마라

'일보다 더 힘든 것이 사람' 이라는 말처럼 사업을 하면서 각양각색의 사람들을 만나다 보면 마음에 들지 않는 사람도 만나게 마련이다. 설사, 마음에 들지 않는 사람을 만났을지라도 그들과 잘 어울리는 방법을 배워야 한다. 사람들은 보통 좋아하는 사람, 함께 있으면 즐거운 사람과 어울리려 하고 마음에 들지 않는 사람은 멀리하려고 한다. 그러나 인생은 내 뜻대로만 되는 것이 아니다. 때로는 싫어하는 사람, 적대시하는 사람과 사귀어야 할 때가 있다.

마음에 들지 않는 사람과 사귀는 방법은 무엇일까? 의견이 다른 사람을 만났을 때는 어떻게 대처해야 할까? 만나는 모든 사람들에게 충실하라. 물론 여기에는 마음에 들지 않는 사람도 포함된다.

하먼은 뛰어난 광산기술자로 예일대학을 졸업한 후 독일 프라이부르크에서 3년간 유학했다. 그는 졸업과 함께 귀국해 미국 서부의 광산 소유자인 하스터를 찾아갔다. 하스터는 성격이 고집스럽고 이론보다는 실전을 중요시하는 타입이라 이론만 익힌 광산기술자들을 별로 신뢰하지 않았다.

하먼이 하스터에게 취직을 부탁하자, 하스터는 이렇게 말했다.

"나는 자네처럼 이론으로만 잔뜩 무장한 사람을 싫어한다네. 자네 머릿속에는 바보같은 이론만 가득 차 있을 게 분명해. 자네를 채용하지 않겠네."

그때 하먼은 재빨리 머리를 굴렸다.

"제 아버지께 말하지 않겠다고 약속하신다면 비밀 하나를 말씀드리지요."

"좋아, 약속하지."

"사실 프라이부르크에 있을 때, 학문적으로는 배운 게 아무것도 없어요. 저는 실무를 익혀 돈과 경험을 축적하는 데만 전력을 기울였습니다."

하스터는 호탕하게 웃으며 대답했다.

"좋아, 나는 자네같은 사람을 원했어. 내일부터 당장 출근하게나."

이러한 상황에서 다른 사람과 논쟁을 벌이는 것은 아무런 의미가 없다. 하먼은 하스터의 편견에 대응하여 논쟁을 벌이기보다 상대방의 의견을 존중해 자존심을 세워주었다.

현명한 사람은 반대의견에 직면했을 때 최대한 양보한다. 그리고 마음속으로 계산한다.

'이 문제를 양보해도 손해보지 않을 방법은 없을까?'

다른 사람이 반대의견을 내놓을 때, 가장 좋은 방법은 작은 부분에서 양보한 후 더 큰 부분을 얻어내는 것이다. 더 나아가 때론 자신의 의견을 잠시 접어두어야 할 경우도 있다.

어느 날, 루커스의 사무실에 불청객이 찾아와 주먹으로 책상을 치며 소리쳤다.

"루커스, 나는 당신을 증오해! 물론 증오할 만한 이유는 충분하지."

그는 10분 동안 미친 듯이 루커스에게 욕을 쏟아부었다. 사무실에 있던 직원들은 모두 그의 행동에 화가 났고, 아마도 루커스가 나서서 그에게 잉크병을 던지거나 아니면 보안요원을 시켜 끌어낼 것이라고 생각했다. 그러나 예상은 빗나갔다. 루커스는 하던 일을 멈추고 사람좋은 얼굴로 공격자를 바라보았다. 그가 화를 내면 낼수록 루커스는 더욱 온화해 보였다.

그 무법자는 루커스와 싸울 준비가 되어 있고, 어떻게 반격할지도 다 알고 있다고 말했다. 그리고 미리 준비해둔 말로 루커스를 몰아붙였다. 그러나 루커스는 아무 말도 하지 않았고, 무법자는 어찌해야 할지 몰랐다. 루커스가 끝까지 아무런 반응도 보이지 않자 그는 결국 따분하다는 듯 사무실을 떠났다.

그 후에 루커스는 어떻게 했을까? 그는 아무 일도 없었다는 듯 일을 계속했다.

다른 사람이 무례하게 공격할 때, 그것을 무시해버리면 더 힘 있는 공격이 된다. 성공한 사업가가 경쟁에서 매번 승리하는 이유는 상대방이 다급해할 때도 태연하고 냉정하게 침묵하기 때문이다.

불행하게도 혐오할 만큼 싫은 사람과 마주하게 되었다면, 링컨 대통령의 이야기를 통해 교훈을 얻으라고 권하고 싶다.

어느 날, 링컨의 사무실에 한 구직자가 찾아왔다. 그는 벌써 몇 주일 동안이나 링컨의 사무실을 찾아온 터였다. 그는 사무실에 오면 변함없이 자신에게 일자리를 달라는 말을 반복했다.

"이 친구야, 아무리 그래도 소용없네. 내가 이미 말했지 않은 가. 나는 자네에게 일자리를 줄 수 없네. 그러니 당장 돌아가는 것이 나을 듯싶네."

그 말을 들은 그는 부끄럽고 분한 나머지 화를 내며 예의없이 말했다.

"대통령 각하, 대통령께서 저를 도울 생각이 없다는 사실을 잘 알았습니다."

익히 알다시피 링컨 대통령은 교양이 높고 인내심이 많기로 유명하다. 그러나 이때만큼은 링컨도 참을 수가 없었다. 링컨은 그 사람을 오랫동안 지켜본 후 태연하게 의자에서 일어났다. 그리고 그에게 다가가 옷깃을 바로잡아주고는 문을 열었다. 그런 다음 그가 나가자 문을 콩 닫아버렸다.

몇 분 후, 그 사람은 다시 문을 열고 큰소리로 말했다.

"이력서를 돌려주세요."

링컨은 탁자에서 그의 서류를 집어 문 쪽으로 다가가 던지듯 서류를 건네고는 문을 다시 닫고 자리로 돌아왔다. 대통령은 그 당시는 물론 훗날에도 이 사건에 대해 침묵을 지켰다.

한 나라의 정상이자 성격이 온화했던 그는 화를 내야 할 때는 결국 화를 냈다. 상대방이 너무 무례했고 링컨이 다른 방법을 생각해볼 가치도 없었기 때문이다. 사실, 한 나라의 대통령 정도면 하려고만 하면 못할 일이 없다. 공공연한 공격과 중상모략은 물론 신랄한 풍자 심지어 어떤 상황에서는 무력도 쓸 수 있다. 그런 의미에서 볼 때, 링컨은 자신의 위치에서 최선의 예의를 갖춰 화를 낸 것이라고 볼 수 있다.

사업가도 마찬가지다. 도리를 모르고 혐오감을 느끼게 하는 사람과 만났을 때는 계속 참을 필요가 없다. 대응이 필요할 때는 적당한 조치를 취해야 한다.

7장

기업 체질을 바꾸는,

창의적 CEO의

행동원칙

분명한 목표를 정하라

만약 부를 축적하고 싶다면, 우선 부의 목표치를 정하되 그것을 자주 바꾸면 안 된다. 이때, 목표는 반드시 간절히 원하는 것이어야 하며 또한 그것을 실현할 수 있다는 강한 믿음을 가져야 한다.

구체적으로 목표는 어떻게 정하는 것이 좋을까?

첫째, 구체적인 숫자로 나타낸다.

만약 목표가 '나는 부자가 될 거야', '나는 훌륭한 사람이 될 거야', '나는 이 세상을 가질 거야', '나는 빌 게이츠처럼 부자가 될 거야'라는 식이라면 그 목표를 달성하기 힘들다. 일단 목표가 추상적이고 공허하면 목표를 쉽게 바꿀 수 있기 때문이다.

부자가 되고 싶다면 돈을 얼마만큼 벌 것인지 구체적인 숫자로 나타내야 한다. 그리고 그것을 종이에 기록한 후 다음 질문에 대답해보라.

"목표가 구체적인가?"

"목표가 분명한가?"

"목표를 절반만이라도 이룰 가능성이 있는가?"

가장 중요한 것은 마지막 질문이다. 성공 가능성이 채 절반도 안 된다면 목표치를 조금 낮추어라. 그리고 최소한 절반 정도의 성공 가능성이 있도록 목표를 다시 짜라. 그 목표를 이룬 다음에 목표치를 높여도 무방하다.

둘째, 기한을 정한다.

목표를 달성하려면 언제까지 목표를 이루겠다는 기한을 정해야 한다. 목표를 완성해가는 각 단계마다 명확하게 기한을 정해두어야 하는 것이다. 그리고 반드시 그 기한을 지키기 위해 노력해야 한다. 기한을 정해놓고 그것을 지키지 못해 계속 뒤로 미룬다면 기한을 정하는 의미가 없다. 반드시 기한 내에 목표를 달성하겠다는 자세로 임한다면 그것이 곧 성공으로 가는 길임을 알게 될 것이다.

셋째, 목표를 향해 정확한 방향으로 나아간다.

비행기가 이륙한 후, 90퍼센트는 지정항로를 벗어나 비행하기 때문에 비행기가 항로를 벗어나지 않도록 관제시스템의 유도가 필요하다. 또한 선박이 항해할 때는 파도와 조수 및 석수 때문에 대부분의 시간을 항로에서 벗어나기 쉽다. 따라서 항로를 잡아주는 항해유도시스템을 통해 항로를 따라 운항한다.

마찬가지로 사람도 방향을 유도하는 시스템이 필요하다. 방향

유도를 통해 현재 위치에서 이탈하려는 움직임을 바로잡고 목표를 향해 정확히 나아가야 하기 때문이다.

성공을 향해 나아갈 때는 수없이 많은 장애, 곤경, 어려움에 부딪쳐 목표로 전진하는 길에서 이탈하기도 한다. 따라서 목표를 확실히 정하고 그것을 이루는 과정에 어떤 어려움이 있는지 미리 파악해야 한다. 더불어 그러한 위험요소를 하나씩 기록해두고 분석을 거쳐 중요도에 따라 나열한 다음, 경험이 풍부한 사람과 피드백을 주고받으며 해결해나가야 한다.

인생에서 겪게 되는 대부분의 어려움은 자원의 한계 때문이다. 따라서 지식과 기술을 배운다면 혹은 어떤 사람 및 조직이 목표를 이루는 데 도움을 줄 수 있는지를 안다면 사전에 위험요소를 제거할 수 있다. 그러면 중도에 방향을 바꾸거나 항로에서 이탈하고, 풍랑을 만나 부침을 반복할 일은 없다. 현실적이고 실현가능한 계획을 세우고 매 단계마다 기한을 정해둔 후, 일의 중요도에 따라 순서대로 해결해나간다면 성공은 가까이 다가올 것이다.

PRINCIPLE 2

시간관리는 예술이다

　미국의 기업가 윌리엄 무어가 아스팔트 판매직원으로 일하던 시절, 그가 세일즈로 버는 수익은 한 달에 고작 160달러였다. 투자 대비 수익이 너무 적다고 생각한 그는 자신의 판매목록을 자세히 분석한 다음, 80퍼센트의 수익이 상위 20퍼센트의 고객에게서 나온다는 사실을 알게 되었다. 지금까지 모든 고객에게 동일한 시간을 투자해온 그는 판매수익이 나지 않는 80퍼센트의 고객을 다른 판매직원에게 넘기고 큰손으로 통하는 고객에게만 모든 노력을 쏟아부었다.

　얼마 지나지 않아 그의 한 달 순수익은 1,000달러로 증가했다. 그는 계속해서 그 원칙을 고수했고 마침내 아스팔트 회사 사장이 되었다.

　시간의 가치를 소중히 여기고 시간을 효율적인 곳에 써라. 세기의 석학 피터 드러커는 시간을 어떻게 사용해야 하는지 간결하게 알려주고 있다.

"시간을 지배하라. 누구나 하려고만 한다면 시간을 지배할 수 있다. 이것은 성공의 관문을 통과할 수 있는 자유의 길이다."

관련 전문가의 연구와 수많은 성공자들의 경험에 비추어볼 때, 시간을 관리하고 효율을 높이는 방법은 다음의 몇 가지로 요약할 수 있다.

첫째, 시간을 집중해서 사용한다.

시간을 균등하게 분배해서 쓰지 마라. 시간은 한정되어 있으므로 가장 중요한 곳에 먼저 써야 한다. 모든 일을 다 하려고 하다가는 모든 일을 그르치고 만다. 필요없는 일과 부차적인 일은 과감히 거절하라. 일이 들어오면 우선 이렇게 자문해보라.

"이 일은 할 만한 가치가 있는가?"

시간은 한정되어 있으므로 주어지는 모든 일을 하는 것은 불가능하다.

둘째, 절호의 기회를 포착한다.

절호의 기회란 사물이 전환하는 중요한 때를 말한다. 기회를 포착하면 적은 노력으로 커다란 효과를 얻을 수 있을 뿐 아니라, 사업전환을 촉진하고 더욱 발전할 수 있도록 한다. 무엇보다 절호의 기회를 놓치면 가까스로 얻은 결과도 모두 물거품으로 만들 수 있다. 그러므로 주위 상황을 잘 살펴 핵심업무에 집중하다가 적당한 때가 되면 절호의 기회를 잡아야 한다.

셋째, 두 부류의 시간을 잘 관리한다.

사업가에게는 두 부류의 시간이 있다. 하나는 자신이 관리할 수 있는 자유시간이고, 다른 하나는 다른 사람의 일을 처리하는 시간이다. 후자는 자신이 자유롭게 관리할 수 없으며 '대응시간'이라고 부른다. 만약 자유시간이 없으면 수동적이 되고 대응시간만 남게 되므로 자신이 시간을 지배하지 못해 효율이 떨어질 수밖에 없다. 반면, 대응시간을 없애고 자유시간만 있으면 실질적으로 다른 사람의 시간을 침해하는 것과 같다. 개인의 완전한 자유는 필연적으로 다른 사람의 부자유를 초래한다. 따라서 우리에게는 두 부류의 시간이 모두 필요하다.

넷째, 자투리 시간을 활용한다.

시간을 하나로 집중하기는 어렵다. 시간을 사용하다 보면 자투리 시간이 생기게 마련이다. 많든 적든 자투리 시간을 소중히 하고 효율적으로 사용하라. 자투리 시간을 사소한 일을 처리하는 데 사용한다면 업무처리의 효율을 최고수준까지 끌어올릴 수 있다. 체스터필드는 시간사용과 관련하여 이렇게 말하고 있다.

"자투리 시간을 효율적으로 이용하십시오. 그러면 우리는 많은 시간을 확보할 수 있습니다."

다섯째, 시간을 도둑맞는 것을 막는다.

현명하게 시간을 사용하는 방법 가운데 하나는 시간낭비를 줄이는 것이다. 잃어버린 시간은 다시 찾을 수 없기 때문이다.

시간을 효율적으로 사용하려면 무엇보다 시간계획을 잘 짜야 한다. 시간계획을 잘 짜면 사업활동 계획을 좀더 질서정연하게 진행할 수 있다. 시간관리에 있어서 사람들은 두 부류로 나뉜다. 하나는 복잡한 일을 단순화하는 데 능숙해 일을 빠르게 잘 해내는 사람이고, 다른 하나는 간단한 일을 복잡하게 만들어 일을 하면 할수록 해결이 더욱 어려워지는 사람이다. 우리는 모두 일의 복잡함을 간단하게 만드는 '시간관리 예술'을 실천해야 한다. 복잡함을 간단하게 만드는 시간관리 예술은 주로 다음의 내용으로 요약된다.

① 중요한 문제점을 파악한다.

복잡하게 얽힌 문제에서 가장 중요한 요점을 잡아내 얽힌 문제를 풀어간다. 복잡한 상황에서도 요점을 짚어나간다면 문제를 해결하기가 한결 쉬워진다. 또한 업무상 주된 장애를 찾아내 그것을 제거해야 한다. 주된 장애는 병목현상과 같으므로 반드시 원활한 소통이 이루어지도록 해결해야 한다. 그렇지 않으면 업무상 체증이 생기고 불필요한 시간과 정력을 낭비하게 된다.

② 불합리한 업무 과정을 간소화한다.

경영자는 늘 여러 가지 현안을 동시에 처리해야 하므로 일의 우선순위에 따라 현명하게 처리해야 한다. 우선순위에 따라 일을 처리하면 하루가 길어지고 일을 처리할 때마다 10분은 더 벌 수 있다. 남은 시간은 다른 일을 하는 데 써야 한다.

③ 멀티플레이어가 된다.

시간을 입체적으로 다양하게 사용하는 것은 업무의 중요도를 나열하는 가장 고난도의 방법이다. 또한 시간관리 예술 가운데 가장 고단수의 방법이기도 하다. 이는 시간을 관리할 때 우선 입체적으로 시간을 배분한다는 의미다. 고속도로에서는 입체교차로의 차 유동량이 훨씬 더 많다. 건물의 경우에는 고층건물의 효율성이 더 높다. 같은 이치에서 볼 때 입체구조로 시간을 배분하는 것이 시간의 효율을 더 높일 수 있다.

인류의 발전사를 돌아보면 '효율'은 간략화에서 시작하고 있다. 특히 오늘날처럼 과학기술이 하루가 다르게 발전하는 시대의 '간략화'는 효율을 높이고 비즈니스 거래 속도를 가속화한다는 데 중요한 의미가 있다.

PRINCIPLE

3

내부 갈등 없애기

기업이 성공을 하려면 전 직원의 노력이 필요하다. 그러나 전 직원이 노력한다고 해서 반드시 성공하는 것은 아니다. 여기에는 효율적인 관리가 있어야 한다.

관리 분야에서 성공하려면 무엇보다 전략이 필요하다. 그렇기 때문에 전략은 사업가들이 반드시 거쳐야 하는 과정이다. 특히 지금처럼 수많은 경영전략이 범람하는 시대에는 두말할 필요도 없이 적절한 전략수립이 무엇보다 중요하다. 훌륭한 전략이 없으면 성공적으로 회사를 관리하기 어렵다.

경영전략에서는 사소한 일을 처리하는 데 연연하기보다 전체적이고 종합적인 관점에서 업무를 해결해야 한다. 보다 넓고 원대한 비전을 가지고 관리에 임해야 하는 것이다. 조직 내에서 일차적인 관리대상은 바로 사람이다. 그러므로 직원들과의 불협화음

을 없애고 함께 공통의 비전을 가지고 앞으로 나아갈 수 있도록
해야 한다.

다음은 어느 성공한 사업가의 경험담이자 직원관리 행동지침
서이기도 하다.

① 직원들에게 관심을 갖는다. 우선 작은 것부터 관심을 보여
  야 한다.

신입사원이 처음 출근하는 날, 그가 조직의 한 구성원이라는
점을 반드시 인식하도록 해야 한다. 우선 겉옷을 걸어두는 옷장
의 위치를 알려주고 어디서 점심을 먹는지 가르쳐주어라. 이런
일들을 사소하게 여기지 마라. 첫인상의 좋고 나쁨은 사소한 일
에서 결정된다. 그리고 이런 일은 신입사원의 머릿속에 계속 남
게 된다.

다음으로 신입사원을 도울 수 있는 사람을 보낸다. 신입사원과
나이가 비슷하거나 동성이면 더욱 좋다. 도우미는 신입사원이 일
을 시작하고 2주일이 지나 익숙해질 때까지 지속적으로 업무파악
에 도움을 주어야 한다. 또한 그들이 회사생활 중 어려움을 느끼
는 문제에 언제든 대답해줄 수 있어야 한다.

적절한 지도와 소개는 신입사원을 만족시킬 수 있다. 이런 과정
을 통해 신입사원은 빠르게 기존 직원들과 어울릴 수 있고 회사를
위해 열심히 일할 수 있다.

업무조건 또한 매우 중요하다. 예를 들면 쾌적한 사무실과 편리
한 사무도구에 대한 직원들의 요구가 만족되지 않았을 경우에는

불만을 야기할 수 있다. 이런 사소한 일로 우수한 직원을 좌절하게 만든다면 엄청난 손실이 아닐 수 없다.

이런 문제를 해결하기 위해 업무순환제를 실시하는 것도 바람직하다. 물론 이런 방법이 모든 직원에게 맞는 것은 아니겠지만, 가능한 범위 내에서 시도해보라. 그러면 직원들의 짜증스러움을 조금이나마 완화시킬 수 있다. 또한 업무순환제는 업무에 활력을 불어넣어 효율을 높일 수도 있다.

여기서 간과하지 말아야 할 점은 직원들이 서로 친목도모를 중시한다는 사실이다. 직원들이 함께 모임을 갖고 싶어하는지 살펴보라. 직원들의 가족 혹은 연인을 데려와 함께 식사를 하거나 게임을 즐기는 일이 직원들간의 우애를 증진시키는 데 도움이 되는가도 살펴보아야 한다.

직원들에게 어떻게 휴가를 주고, 휴가를 가는 순서를 어떻게 정할 것인지도 매우 중요한 문제다. 이 문제는 잘못 처리하면 골치 아픈 상황에 직면할 수도 있다. 예를 들어 학교 다니는 아이가 있는 직원의 경우에는 아이들의 방학과 휴가기간이 일치하는 것이 바람직하다. 그러므로 휴가일정을 세심하게 관리해야 한다.

대다수의 가정은 매월 일정액의 돈을 저축한다. 만일 회사에서 직원들의 저축계획에 도움을 준다면 직원들은 매우 만족스러워할 것이다.

직원이 건의를 하면 사소한 일이라도 절대 흘려듣지 마라. 또한 표창제도를 마련해 건의사항이 합리적이고 회사의 발전에 도움이 되면 표창을 하라. 실제로 직원들의 건의에 표창하는 제도를 만들어 직원들의 건의사항을 실천한 결과 낭비될 수 있는 자금을 절약하는 경우도 많이 있다. 평범해 보이는 직원들도 회사 발전을 위한 다양한 방법을 제시할 수 있다. 아이디어를 제시한 사람과 성심성의껏 문제에 대해 토론하라.

무엇보다 직원들의 이상, 구체적인 목표, 업무실천 계획에 대해 자세히 들어주어야 한다. 그러면 직원들은 업무목표를 제때에 달성하기 위해 최선의 노력을 기울일 것이다. 만약 경영자가 직원에 대한 이해력이 부족하면 직원들은 생각을 마음속에만 담아둘 것이고, 그러면 서로간의 의사소통에 장애가 생겨 업무에서도 충돌이 일어나게 된다.

동시에 직원들의 건강과 복지에 대해서도 관심을 기울여야 한다. 회사에서 도움을 줄 수 있다면 가능한 한 도움을 주어라. 이것은 작은 노력으로 큰 효과를 얻을 수 있는 방법이다. 특히 보조금을 지급하여 직원들에게 혜택을 주면 결과적으로 회사는 이득을 볼 수 있다. 직원들이 잘 먹고 잘 쉬게 되면 그들은 주어진 업무를 더욱 열심히 수행할 것이다.

만약 직원 처벌과 관련된 문제가 있을 경우에는 직원과 임원간의 토론과 협의를 거쳐 공평하고 합리적으로 처리해야 한다.

결론적으로 직원에게 세심한 관심을 기울이고 작은 일부터 실천해야 한다는 것을 명심해야 한다.

② 단순하게 명령만 하지 말고 문제를 제기하도록 만든다.

직원들이 작업 과정에서 어려움에 직면했을 때, 사장이 직원들에게 간단히 명령만 하면 문제가 쉽게 해결될까? 절대로 그렇지 않다. 문제를 제시할 수 있도록 독려하는 것이 명령을 하는 것보다 직원들에게 훨씬 더 큰 호응을 얻을 수 있다. 그리고 직원들이 문제를 적극적으로 생각할 수 있도록 만들어야 한다. 만약 직원에게 명령을 내린다면 그들은 수동적으로 받아들이기만 할 뿐이다.

남아프리카공화국의 요하네스버그에서 정밀절삭기계의 부품을 생산하는 한 제조업체에서 있었던 일이다.

한번은 그 업체의 본부장인 이안이 대량으로 주문을 받았다. 납품일까지 시간은 너무나 촉박했고, 이안이 보기에도 그 주문량을 납품기일에 맞춰주는 것은 불가능해 보였다.

그때 그는 직원들에게 더욱 빠른 속도로 일하라고 재촉하지 않고 회의를 열어 여러 직원들의 의견을 들어보기로 했다. 일단 직원들에게 상황을 설명하고 그들에게 만일 예정된 기일에 주문량을 납품하면 회사와 직원들에게 어떤 포상이 있을지도 친절히 설명했다. 그런 다음 그는 문제를 하나 제기했다.

"우리가 이 주문량을 기한 내에 납품할 수 있는 방법이 없을까요?"

"우리의 업무시간이나 인력배치를 조정할 수 있는 방법은 없을까요?"

직원들은 저마다 자신의 의견을 말했고 결국 그 주문을 받아들이기로 했다. 물론 직원들은 자발적으로 더욱 열심히 일했고 그

업체는 기한 내에 물건을 납품할 수 있었다.

③ 직접 만들어 보여주고 이야기를 들려주고, 직원들이 직접 해 보도록 한다.

일본의 어느 업체는 다음의 모토를 중심으로 하여 현장을 관리하고 있다.

"직접 만들어 보여주고 직접 들려주고, 직접 하도록 하라. 그리고 상을 주면 심리적으로 고양된다."

— 직접 만들어 보여주어라

만약 사장이 직원들에게 일을 시키려면 반드시 솔선수범해야 한다. 자신은 아무것도 하지 않으면서 강제로 일을 시키고 직원들을 질책하면 부작용만 늘어날 뿐이다. 이러한 태도는 직원들로 하여금 자신감을 잃게 하고 또한 직원들의 신뢰를 얻기도 힘들어진다.

— 일의 가치를 설명하라

부하직원이 일을 할 때는 반드시 그 일의 가치를 설명하고 이해하도록 해야 한다. 그러면 직원들은 더욱 적극적으로 임무를 완성하게 된다. 이때 만약 사장이 일의 가치에 대해 잘 파악하고 있지 못하면 직원들에게 지시나 명령을 내리기가 어렵다.

— 직원들이 직접 하도록 하라

현명하지 못한 사장은 중요한 일을 부하직원에게 맡기지 못한다. 부하직원을 그저 자신의 조수로서 잡일만 시킬 뿐이다. 그러면 부하직원은 어느 세월에 상급자의 업무를 배운단 말인가. 중요한 일을 부하직원들이 직접 처리할 수 있도록 맡기고 뒤에서 그들의 일을 돕고 격려하라.

실무자는 현장에서 일하는 직원이다. 사장은 반드시 그들에게 모든 권한을 주고 일을 처리할 수 있도록 격려해야 한다.

④ 종종 현장을 둘러보고 직원들과 인사를 나누면서 적당하게 친분을 쌓는 것도 중요하다.

직원들의 적극성을 독려하기 위해 그들이 하는 일의 가치와 중요성을 일깨워주고 스스로 그 의의를 찾도록 해준다. 이를 위해 사장은 반드시 현장 곳곳을 방문하여 직원들과 인사를 나누고 일을 잘할 수 있도록 격려해야 한다. 또한 작고 눈에 띄지 않는 업무 실적에 대해서도 표창을 하는 것이 좋다.

최소한 한 달에 한 번 업무현장을 방문하여 새로운 관점으로 주변을 바라보라. 작은 것이라도 개선되어 있다면 그것을 칭찬하라. 직원들이 잘한 점을 칭찬하면 그들은 더욱 적극적으로 일하게 된다.

문은 왜 잘 닫히지 않는가? 망가진 창문은 왜 아직 수리를 하지 않았는가? ○○은 좀더 큰 의자를 사용해야 하지 않는가? 이 전화기는 어느 지역과 통화할 때 문제가 발생하는가? 업무환경과 배치가 적당한가? 소음이 너무 크지는 않은가? 위생상태는 어떠한가?

사소해 보이는 점들에 대한 지적과 이후 개선상태에 대한 관심은 사장이 직원을 존중하는 가치관 속에서 나온다. 이러한 관심이

야말로 직원을 존중하는 태도며 이런 과정을 통해 직원들도 사장과 친밀해질 수 있다. 우호적인 분위기가 형성되면 직원들은 회사에 대해 자신있게 자신의 의견을 내놓을 것이다.

작은 일이라도 직원들이 스스로 임무를 완성했을 때, 상사로부터 칭찬을 듣게 되면 직원들은 더욱 적극적으로 업무와 회사 일에 참여한다. 그리고 문제에 더 용감하게 도전하며 더불어 도전 속에서 성장한다.

⑤ 의미 있는 실패에 대해서는 큰 상을 준다.

창의적인 인재를 많이 보유한 회사일수록 '실패의 자유' 라는 가치를 중시한다. 새로운 발명과 기술혁신은 많은 정보와 가설, 실험과 실패, 새로운 가설에 대한 재실험 등이 거듭되면서 이루어지기 때문이다. 창조적인 활동은 실패 없이는 이루어질 수 없다. 만약 회사에서 직원들이 한 번 저지른 실패를 처벌한다면 직원들의 창조성과 적극성은 사라지고 말 것이다.

실패의 어려움을 이겨내려면 조직은 반드시 심리적 여유를 갖고 있어야 한다. 조직 내에 실패를 명쾌하게 인정하는 분위기가 형성되어 있다면, 실패로부터 빨리 벗어나 상처를 치유할 수 있다. 만약 실패에 대해 사장이 여지를 주지 않고 사소한 실수를 계속 지적받거나 실패한 사람이 감시를 받는다면 직원들은 이렇게 생각할 것이다.

'나는 최선을 다했지만, 운이 없었다.'

이후, 그 직원은 물론 다른 직원들까지 창의적인 도전은 꿈도

꾸지 않을 것이다. 특히 회사가 성장을 위해 집단주의만을 고집하면 직원의 실패를 덮는 데 급급하게 되고, 그렇게 묻어둔 실패는 시간이 지나 더욱 큰 폭풍을 일으키게 된다. 실패가 재발하게 되면 만회하기가 대단히 힘들다.

실패가 업무진행 초기에 발생하여 즉시 해결되면 그다지 심각한 문제가 되지 않는다. 그러기 위해서는 직원들로 하여금 실패를 인정하고 왜 실패했는지 알아내도록 하여 새로운 도전을 할 수 있게 해야 한다. 그리고 이러한 과정을 통해 좋은 성과를 얻는다면 과거의 실패와 무관하게 직원들에게 상을 주어야 한다. 실제로 몇몇 회사는 실패한 계획에 대해 표창하는 제도를 실시하고 있다.

설사 실패했을지라도 직원이 최선을 다해 그 일을 수행했다면 업무에서 많은 점을 배웠을 것이다. 그러한 과정에서 직원이 자신의 단점을 보완하고 또한 회사가 여러 가지 방법으로 격려와 지원을 해준다면, 회사는 실패로 인한 손실을 막을 수 있고 직원은 다음 도전에 더욱 적극적으로 임하게 된다.

그렇다고 아무 때나 실패를 격려하고 표창해야 한다는 뜻은 아니다. 일을 대충 처리하거나 아무것도 이루지 못하고 시간만 낭비하며 대강 넘어가는 경우도 있다. 그렇기 때문에 실패를 했다면 반드시 그 이유를 찾아내고 왜 그런 결과가 나왔는지 주의를 기울여 다시는 그런 일이 반복되지 않도록 해야 한다.

PRINCIPLE 4

시장환경 변화에 적응하라

오늘날의 비즈니스 환경에서 계속 옛 것만 고수한 채 관리와 마케팅 전략에 변화를 주지 않는다면, 시장에서 도태되어 궁지에 몰릴 수밖에 없다. 마케팅 전략은 시장상황에 따라 늘 변화하며, 새로운 마케팅 방식을 따라가지 못한다면 회사는 이윤을 내기 어렵다. 특히 이제 막 창업한 회사는 혁신을 통해 새로운 활로를 찾아야 한다.

① 기술 혁신의 가속화

현대사회의 과학기술은 하루가 다르게 발전하고 있고, 새로운 기술도 끊임없이 출현하고 있다. 이에 따라 기술이 상품화되는 시간은 점점 단축되고 새로운 기술의 응용과 확산은 새로운 산업의 고속성장을 촉진하고 있다. 또한 상품의 에너지 소모량 감소, 효율성 증가, 용도 및 종류의 다양화, 우수상품 출시, 운영의 정교함 등의 결과를 낳고 있다. 사람들은 이러한 상황을 기술발전으로 인해 산업구조가 '소프트웨어화' 했다고 말한다.

소프트웨어화는 생산비용에서 지식이 차지하는 비중을 점점 높이고 있고, 미래의 상품에 있어서 지식은 상품가치를 결정하는 중요한 척도가 될 것이다.

② 시장의 세분화

소비자의 소득이 점점 증가하고 생활수준이 높아짐에 따라 사람들의 소비욕구에도 변화가 일고 있다. 남들과 차별화된 특별한 상품을 원하는 수요가 늘고, 그것이 하나의 추세가 되고 있다. 소비자들은 남들과 다른 것, 튀는 것 심지어 과감한 창조상품을 원한다. 감성소비는 이미 현대사회의 추세다.

③ 판매망의 다양화

판매망의 다양화로 전통적인 판매모델은 현재 심각한 도전에 직면하고 있다. 이미 전자상거래, 인터넷쇼핑, 홈쇼핑, 자동화된 상점, 우편판매 등 새로운 판매방식은 우리 생활 깊숙이 자리잡았다. 이러한 추세에 맞춰 회사의 경영방식, 관리제도, 발전전략, 소비습관, 무역수단, 금융업무, 인사제도 등은 반드시 구태에서 벗어나 변화의 단계를 거쳐야 한다.

④ 인터넷의 발달과 전 세계의 네트워크화

현대는 가히 인터넷 영업시대다. 실제로 많은 업체들이 인터넷상의 목표고객에게 시제품을 사용하도록 하고 만족도를 조사하거나 고객 스스로 상품을 인정하도록 유도하여 소비자의 개성화한 수요를 만족시킨다. 또한 인터넷을 이용해 관련정보를 알리고 광고와 판촉활동을 한다. 그뿐 아니라 직접거래는 물론 기존의 배달서비스와 결제시스템을 일원화해 거래과정을 통합하고 있다. 더욱이 인터넷을 이용해 각종 A/S서비스를 제공하고 고객데이터를 구축해 고객과 일대일 방식의 의사소통을 하고 있다.

이러한 변화는 경제환경과 경쟁의 결과를 더욱 예측하기 어렵게 만들고 있다. 이제 경쟁력은 자원보유량이 아니라, 자원의 이용능력으로 결정된다. 특히 이런 경쟁은 전체 영업활동의 종합능력과 시장수요에 대한 발빠른 대응, 회사의 명성 등 비물리적 영역에서 일어나고 있다. 기업이 이러한 환경에 적응하려면 기존의 영업개념과 기술에 변혁을 시도하고 소비자들이 더욱 적극적으로 상품의 개발, 연구 및 생산에 참여하도록 해야 한다.

PRINCIPLE 5

성실만이 정답이다

세상에 공짜는 없다. 일한 만큼 돈을 벌게 마련이다. 그럼에도 불구하고 아직도 사기꾼이 활개를 치는 이유는 세상에 공짜가 있다고 믿는 사람이 있기 때문이다. 일하지 않고 큰돈을 벌려고 하다가는 사람도 망가지고 사업도 실패하게 마련이다.

1987년 10월, 션쩐시의 무역회사 사장인 예쩐종은 광조우 무역박람회에 참석했다가 자회사 해외경제무역회사의 사장 리(李)의 소개로 천(陳)을 알게 되었다. 천이 능력이 뛰어나다는 얘기를 들은 예 사장은 마침 해외시장 진출에 난항을 겪고 있던 터라 그를 고용해 상황을 타개해보기로 결심했다.

그리하여 1988년 1월부터 해외경제무역회사에서 일하게 된 천은 회사가 작년에 호주에서 2만 톤 정도의 산화알루미늄을 수입하여 가공공장과 연합해 알루미늄 괴를 가공하고 있음을 알게 되었다.

그때 천은 이렇게 제안했다.

"이 알루미늄 괴를 국제선물시장에 팔아야 원래의 상품가치를 보장받을 수 있습니다."

"상품가치를 보장받다니? 선물은 또 무슨 말인가?"

말뜻을 알아듣지 못한 리 사장과 예 사장은 그 개념에 대해 물었다. 그러자 천은 홍콩에서 직접 강사를 초빙해 그들에게 '선물거래'에 관한 교육을 실시했다. 하지만 예 사장과 리 사장은 아무것도 알아들을 수가 없었고, 결국 그들은 천의 열정에 밀려 국유기업이 국제선물시장에서 거래할 수 없다는 규정을 잊고 이 사업계획을 실행키로 했다.

1988년 2월, 천은 극비리에 국제선물거래팀을 구성하고 우선이 수입회사의 명의를 이용해 미국의 P사와 선물거래에 필요한 계약을 체결했다. 곧바로 뉴욕의 모 은행에 계좌를 개설한 그들은 선물보증금 운용은 리, 예, 천 세 사람 가운데 두 사람이 함께 서명했을 때만 유효하도록 결정했다. 다른 경영 업무는 천이 독자적으로 결정할 수 있었다. 하지만 이들이 동의한 '자금운용 권리이양서'에는 쉽게 악용될 수 있는 허점이 있었다. 거래소는 '언제든 사전통보 없이 자금을 상품거래계좌에서 다른 계좌로 옮길 수 있고, 구체적인 사항은 사후 서면 방법으로 리와 천 두 사람에게 통보하면 된다'는 내용이 포함되어 있었던 것이다.

천이 회사를 위해 능력을 발휘할 수 있도록 회사 측은 특별히

호텔의 호화 룸을 사무실로 임대해주었다. 그 룸의 한 달 임대료
는 인민폐 9,000위안에 달했고 컴퓨터, 직통 국제전화 등 최신 사
무기기 설비가 갖추어져 있었다. 이렇게 천은 해외경제무역회사
의 국제선물거래업무를 도맡았다.

어느 정도 준비기간을 거친 후, 예 사장은 리 사장과 천의 계획
에 따라 1988년 4월 알루미늄 괴를 국제선물시장에 선보였다. 이
번 사업계획을 순조롭게 진행시키기 위해 예쩐종은 션쩐시 경제
발전국, 외환관리국, 기타 정부기관을 동분서주로 뛰어다니며 선
물거래에 필요한 서류와 수속을 밟았다. 마침내 5월 5일 예쩐종은
외환관리국의 회답을 받았고 중국은행 션쩐지점에서 200만 달러
를 대출받아 선물보증금으로 사용하기 위해 해외 선물시장거래
계좌에 입금했다.

션쩐시 외환관리국에서는 이 무역회사와 해외 회사들의 거래
를 허가해줄 때 이렇게 강조했다.

"외화를 해외로 반출할 때는 반드시 허가된 목적에만 사용해야
합니다. 이 돈의 대출목적은 알루미늄 괴 선물거래 가치보장에 사
용되는 것으로 한정되어 있습니다. 거래가 완료된 후에는 약정한
기한 내에 자금을 국내로 다시 반입해야 합니다. 투기목적으로 해
외 선물시장에서 이 돈을 유용할 수 없습니다."

그러나 이들 세 사람은 해외에서 국가의 명령을 무시했다. 그들
은 1,825톤의 알루미늄 괴만 현물로 가지고 있었지만, 선물시장
에서 2만 6,000톤을 팔았다. 현물로 존재하지 않는 2만 4,175톤의

알루미늄 괴는 당연히 현물을 공급할 수 없었고, 세 사람은 보증금으로 배상금을 물어줄 수밖에 없었다. 경솔한 결정으로 첫 선물거래에서 회사는 300만 달러의 손해를 보았다.

첫 선물거래에서 300만 달러를 날려버린 예 사장은 손실을 메우는 데 급급했다. 그는 천의 부추김에 넘어가 경영범위를 알루미늄에서 아연, 구리, 금은, 외환, 면화, 대두, 석유, 설탕 등 여러 품목으로 넓혀 현물 없이 투기 거래를 했다.

그런데 1989년의 춘절 기간에 구리 선물거래를 하다가 800만 달러의 손해를 보았다. 선물거래는 마치 도박과 같았다. 잃으면 잃을수록 돈을 되찾고 싶은 욕심이 앞섰던 것이다. 예 사장은 다시 천의 제안에 따라 알루미늄 괴 현물이 부족한 상황에서 주 업종을 알루미늄에서 아연으로 바꾸었다. 그러나 선물시장에서 거래하는 사람들은 우선 보증금을 지불해야 했다.

그러면 그들은 이 돈을 어떻게 마련했을까?

급한 마음에 예 사장은 션쩐시 면세점 공급업체의 사장으로 있는 아내, 황메이셴에게 돈을 빌려달라고 했다. 그녀는 곧바로 구원의 손길을 내밀었다. 그녀는 서류조작혐의를 피하기 위해 우선 자회사와 남편 회사 간에 선물거래 협력 파트너가 되는 가짜 '협의서'를 체결케 한 후 면세점 공급업체에서 수입을 한다는 명목으로 가짜 영수증을 발행했다. 그리고 시 외환관리국의 눈을 속여 500만 달러의 외화를 가볍게 외국으로 반출했다. 자금이 해외로 반출되자, 황메이셴은 즉시 400만 달러를 남편의 미국 선물거래

회사 계좌로 입금했다. 그러나 이런 방법으로 예 사장의 꿈을 이루기는 역부족이었다.

1989년 8월, 채 3개월도 되지 않아 황메이셴이 남편을 도와주기 위해 보낸 400만 달러도 전부 허공으로 날아갔다. 그녀가 자신의 계좌에 가지고 있던 100만 달러 역시 모두 날렸다. 비극적인 상황에 직면한 예 사장은 후회막급이었지만 마지막까지도 일을 제대로 처리하지 못했다. 몇 개월 동안 그가 잃은 손해액은 1,200만 달러에 달했고, 그는 이렇게 결심했다.

'크게 한 번 터뜨려야 한다.'

그 무렵에 그는 선물거래소의 통보를 받게 되었다.

"귀사가 속한 해외공사의 계좌에 잔액이 없습니다. 즉시 보증금을 입금해주십시오. 만약 납부해야 할 선물보증금을 입금하지 않는다면 우리는 국제법원에 기소해 벌금을 물릴 것입니다."

최후통첩을 받은 예 사장은 두려움에 어찌할 바를 몰랐다. 그때, 리 시장이 아이디어를 내놓았다. 당시 국가 비축국에서는 예 사장 회사에 규소강판 대리 구매를 요청한 상태였다. 그리고 선물대금으로 이미 800만 달러를 입금시켰다. 리 사장은 그 돈으로 우선 급한 불부터 끄자고 했다. 예 사장은 즉시 여러 가지 구실을 대며 주관부처의 동의를 얻었다. 그리고 정부가 입금한 돈에서 300만 달러를 직접 미국 회사의 선물거래 계좌에 입금했다. 나머지 500만 달러는 규소강판을 구매하지 않고 리 사장을 시켜 회사를 살리는 데 사용하도록 했다. 리 사장은 이 돈을 이용하여 면화를 대량으로 구매했고 그것을 면사로 가공해 수출하여 큰돈을 벌 계획을 세웠다. 그런데 그때 갑자기 국가에서 면사 판매에 대해 가격보호제한정책을 실시했다. 상황이 이렇게 되자 큰돈은커녕 면사를 판매하는 것조차 어려워졌다. 결과적으로 수백만 달러의 현물이 해외공사의 창고에 고스란히 쌓이게 되었다.

1988년 5월부터 1989년 8월까지 예쩐종이 경영하던 해외공사는 21차례나 뉴욕 화학은행으로 선물보증금을 입금했다. 총금액은 3,660만 6,200달러에 달했다. 이 돈 중에서 중국은행에 되돌려 준 1,222만 9,400달러를 제외하고 1991년 9월까지 선물거래계좌에는 1만 2,000달러만 남게 되었다. 즉, 1,842만 4,800달러에 은행이자 521달러로 총 2,636만 4,800달러가 그 짧은 기간 동안 흔적도 없이 사라진 것이다. 그것이 하늘에서 거저 떨어지는 '떡'이 존재한다고 믿은 예 사장이 남긴 흔적이다.

사기극에 휘말리지 않으려면 성실하게 돈을 벌겠다는 자세를 유지해야 한다. 그리고 쉽게 큰돈을 벌려는 생각을 버려야 한다.

PRINCIPLE 6

산업기밀 철통같이 지키기

후난에 위치한 어느 업체는 중요한 조립기술을 개발하는 데 계속 실패하자, 다른 기업과 협력해 기술적인 한계를 극복하겠다는 결정을 내렸다. 그러자 션쩐시의 한 기업이 이 소식을 듣고 협력을 희망한다는 의사를 전해왔고, 두 회사의 계약에 따라 션쩐의 업체가 기술에 정통한 엔지니어들을 후난으로 파견했다.

후난에 도착한 엔지니어들은 기술 자료를 면밀히 연구한 다음, 현지 전문가들의 도움을 얻어 신속하게 기술적인 난제를 해결할 수 있었다. 계약을 체결할 당시, 후난의 업체는 일단 기술적인 난제를 해결하여 제품이 출시되면 션쩐 기업에게 인민폐 200만 위안을 사례금으로 지불하기로 했었다. 그런데 어찌된 일인지 얼마 지나지 않아 시장에는 후난의 업체가 생산한 제품보다 싸고 품질도 좋으며 포장까지 우수한 동일 상품이 출시되었다. 그 제품은 전국적

7장 _ 기업 체질을 바꾸는, 창의적 CEO의 행동원칙_ 263

으로 퍼져나갔고 덕분에 후난의 업체는 판로를 모두 잃고 말았다.

션쩐의 기업이 노린 것은 200만 위안의 사례금이 아니라 기술이었다. 그 기업은 오랫동안 어렵게 보안을 유지하며 기술개발에 힘써왔지만, 도저히 성공할 수 없었다. 그러던 차에 후난의 업체가 기술협력체를 구하자 적극 협조한 것이다.

엔지니어들은 업무 특성상 후난의 업체에서 전반적인 기술자료를 자유롭게 연구할 수 있었고, 신제품 설계도면을 쉽게 손에 넣을 수 있었다. 그들이 돌아갔을 때, 션쩐의 본사는 곧바로 생산팀을 구성하여 제품을 생산해냈다. 후난의 업체는 기술보안을 소홀히하여 뒤통수를 맞고 만 것이다.

산업기밀은 회사가 다량의 인적, 물적 자원을 투자하여 얻어낸 것이므로 회사의 존망과 발전에 커다란 영향을 미친다. 그런데 최근에는 산업정보의 중요성이 높아지면서 이익에 눈이 먼 사람들이 수단과 방법을 가리지 않고 불법으로 산업기밀들을 빼내 회사에 상상할 수도 없는 손실을 안겨주고 있다.

일반적으로 산업기밀이 유출되는 방법은 아래와 같다.

① 보안을 소홀히 해 회사도 모르게 유출된다.

어떤 회사는 보안을 소홀히 하다가 자신도 모르는 사이 기밀을 외부로 유출시킨다.

② 인재가 유출되면 기밀정보가 새어나가기 십상이다.

노동력의 이동이 빈번해짐에 따라 일부 꿍꿍이속을 가진 사람들은 회사를 떠나면서 불법으로 산업기밀을 유출한 후 돈과 맞바

꾼다.

③ 아무런 준비없이 해외교류를 하다가 유출된다.

해외교류를 할 때, 해외 기업들이 산업기밀을 빼내가는 행위에 대해 경계태세를 갖추지 않으면 중요한 정보를 잃을 수도 있다.

④ 폐품이나 쓰레기로 인해 소리 소문 없이 기밀이 유출될 수 있다.

회사 사무실의 쓰레기에는 다량의 기업정보와 경영정보가 담겨 있다. 조금만 주의를 기울이지 않아도 회사 기밀이 이런 폐품이나 쓰레기를 통해 외부로 유출될 수 있다.

⑤ 내부에 첩자가 기밀을 팔아넘긴다.

회사가 대외적으로 기밀유출을 막기 위해 경계를 강화했더라도 내부적으로 보안을 유지하지 않으면 더욱 골치를 썩게 된다. 회사 내부관리를 소홀히 하면 사리사욕에 눈이 먼 내부 첩자에게 빌미를 줄 수 있다. 그들은 회사가 소홀한 틈을 타 산업기밀을 다른 회사에 팔아넘기기도 한다.

산업기밀이 유출되는 것을 막기 위해서는 어떤 조치를 취해야 할까?

첫째, 보안을 강화한다.

기업은 보안의식을 강화하고 관련 보호조치와 제도를 계속 개선해 기밀이 새나가는 것을 최대한 막아야 한다. 그밖에 인재유출과 보안유지의 관계를 합리적으로 처리해야 한다. 특히 회사는 직원들과 고용계약을 체결할 때 산업기밀 보안과 관련된 조항을 첨부해 직원들의 권리와 의무를 명확하게 알려주어야 한다. 그러면 인재가 노동시장에서 합리적으로 배치될 수 있고 기업의 보안도 효율적으로 유지될 수 있다.

둘째, 불법으로 기밀을 유출한 사람을 엄격하게 처벌한다.

중국의 '반불공정경쟁법(反不公正競爭法)'은 경영자들이 불법적인 수단으로 타사의 산업기밀을 획득하는 것을 금지하고 있다. 제25조에서는 '산업기밀을 유지하려는 권리를 침해하였을 때 법률적인 책임을 져야 한다'고 규정하고 있다. 즉, 관리감독기관은 위법행위를 금지시킬 권리와 책임을 가지고 있으며 사건의 경중에 따라 1만 위안 이상 2만 위안 이하의 벌금을 부과할 수 있다. 이런 법률은 효율적으로 산업기밀을 보호하기 위한 법적 보호장치라고 할 수 있다.

셋째, 보안시스템을 구축한다.

전 세계의 모든 기업들은 보안유지를 위해 다양한 방법을 동원하고 있다. 대표적으로 미국의 코카콜라는 음료의 원액배합기술에 고도의 보안장치를 해놓고 있다. 코카콜라의 원액배합 방법은 경쟁업체인 펩시콜라가 호시탐탐 노려온 목표였다. 과거 몇십 년 동안 펩시콜라는 여러 가지 방법을 동원해 콜라 원액배합기술을 알아내려 애썼지만 실패했다.

모방자나 추종세력은 어디에든 있게 마련이고 그들에게 빌미를 제공하지 않으려면 자체적으로 철저한 보안시스템을 구축해야 한다. 그래야만 회사의 존망과 성공을 담보해줄 중요한 산업기밀이 외부로 유출되는 일을 막을 수 있다.

과감한 결단력

기업 운영에는 때로 과감한 결단력을 필요로 한다. 이때, 용기 혹은 수완이 없으면 부하직원들의 동의를 이끌어내기가 힘들고 또한 그것을 실행에 옮기기도 어렵다. 회사 사장으로서 과감하게 판단을 내리기 위해서는 다음의 5가지 난관을 극복해야 한다.

첫째, 항상 정확함을 요구한다.

어떤 사람들은 무슨 일을 하든 쉽게 결정을 내리지 못하는데, 그 이유는 잘못 판단했을 수도 있다는 두려움 때문이다. 그러나 사람이 항상 정확할 수만은 없다. 때론 실수하기도 하지만, 설사 그렇다 하더라도 신속히 바로잡는다면 피해가 확대되어 만회할 수 없는 지경에 이르지는 않는다. 실수는 그것을 인정하지 않을 때 더욱 악화된다. 그러므로 반드시 정확한 판단을 해야 한다는 강박관념에 젖어 제때에 결단하지 못하는 우를 범해서는 안 된다.

둘째, 객관적 사실과 주관적 의견을 혼동한다.

판단을 내릴 때는 확고한 사실을 근거로 삼아야지 느낌에 의존해서는 안 된다. 객관적 사실과 주관적 느낌을 구분하지 못하면 각종 번뇌에 시달리게 된다. 느낌과 감성에만 의존하여 내린 판단은 객관적 가치가 부족하다. 실제로 어떤 사업가는 직감은 사업을 하는 데 별 효과가 없다고 말하기도 한다.

인재를 찾던 어느 회사의 인사과 과장은 어떤 사람이 담뱃대에 담배를 끼워 피우는 모습을 보고는 그가 냉정하거나 실질적이지 못할 것이라는 선입견으로 그를 뽑지 않았다. 하지만 나중에 알고 보니 그는 우수한 성적으로 졸업한 뛰어난 인재였다. 선입견은 판단력을 흐리게 만든다.

셋째, 상황을 충분히 파악하지 않은 채 결정을 내린다.

상황을 충분히 파악하지 못하면 종종 잘못된 판단을 내릴 수 있다. 물론 모든 상황에 대해 충분히 파악하는 것이 불가능할 때도 있지만, 그럴 경우에는 축적된 경험과 날카로운 직관력, 그리고 모든 상식을 동원해 논리적인 판단을 내릴 수 있어야 한다. 번거로움을 덜기 위해 자료수집 과정을 생략한 채 무모한 판단을 내리면 전혀 예상치 못했던 나쁜 결과를 초래할 수도 있다.

어느 회사 사장이 위험요소가 있긴 하지만 큰돈을 벌 수 있는 사업에 참여할 기회를 얻게 되었다. 손해를 볼까 봐 전전긍긍하며 고민하던 그는 결국 그 사업에 참여하지 않기로 결정했다. 훗날 그는 이렇게 말했다.

"확실한 자료가 부족해 절호의 기회를 놓치고 말았어요."

넷째, 다른 사람의 시선에 신경 쓰고, 타인의 입에 오르내리기를 두려워한다.

자신의 속마음을 허심탄회하게 털어놓는 사람은 많지 않다. 그이유는 타인의 시선이 신경 쓰이기 때문이다. 대체로 타인은 남의일에 이런저런 간섭하기를 좋아한다. 그러나 그들이 그러한 간섭에 끝까지 책임을 지는 것은 아니다. 그러므로 타인이 어떻게 생각하고 말하는지에 그다지 신경 쓸 필요는 없다. 결정은 자신이하고 그에 대한 책임 또한 자신이 질 뿐이다.

다섯째, 책임지는 것을 두려워한다.

책임지는 것을 두려워하는 것은 실패를 두려워하는 것과 밀접한 관련이 있다. 많은 심리학자들은 이러한 심리가 성공에 있어가장 큰 장애요소가 된다고 지적한다.

또한, 결단을 미루다가 좋은 기회를 놓치는 데는 다섯 가지 원인이 있다.

① 과다한 정보량

정보가 너무 많으면 문제를 명확히 규명하기는커녕 오히려 더미궁에 빠져든다. 또한 과도한 정보량은 사람들의 직관능력을 흐트러뜨린다.

② 도피 심리

좋은 것은 좋고 나쁜 것은 피하는 것이 사람들의 본성이다. 보통 기회가 있으면 빨리 잡으려 하고, 번거로운 일은 보고도 못 본체 넘어간다. 특히 사람들은 다음과 같은 이유로 결정을 미룬다.

- 나한테는 절대 일어날 수 없는 일이다.
- 발 등에 떨어진 불부터 끄고 다시 생각해본다.
- 현명한 사람만 미궁에서 벗어날 수 있다.
- 하늘이 무너져도 솟아날 구멍이 있다.

③ 현실 안주

가끔은 현실 안주도 필요하지만, '시들지 않는 꽃은 없다' 는 속담도 기억해야 한다. 소비자들에게 인기를 얻었던 제품도 언젠가는 사양길에 접어든다. 따라서 편안한 때일수록 위험에 미리 대비해야 한다. 그렇지 않으면 곧 위험에 빠지고 만다.

④ 의견수렴에 대한 집착

결정을 내려야 한다면 기한을 정해두고 그 기간 내에 최대한 다른 사람의 의견을 수렴할 수 있도록 해야 한다. 그리고 기한이 되면 곧바로 결정한 것을 실행한다. 기한이 다 되었어도 해결책에 대한 의견수렴이 이루어지지 않았다면 담당 부서에서 주도적으로 결정해야 한다. 사람들의 의견을 두루 모으는 것은 좋은 일이지만, 결정을 내리기까지 너무 오랜 시간이 걸린다는 문제가 있다.

⑤ 미래를 예측하려는 시도

사람들은 미래를 예측하는 데 너무 많은 시간을 낭비한다. 이 때문에 결단을 해야 하는 시기를 놓치기도 한다. 미래를 완벽하게 예측하기란 불가능하다. 설사, 유능한 경제학자가 시장을 예측했다 할지라도 빗나가는 경우의 수는 항상 존재한다.

끈기 있게 협상하기

1984년, 중국 상하이의 한 무선전신업체가 일본으로부터 혁신적인 기술을 도입하고자 협상을 시도했다. 일본 업체의 설비는 세계 최고라고 해도 과언이 아닐 정도로 뛰어났다. 거래를 성사시키기 위해 일본의 판매대리회사 부장과 공장관계자가 함께 중국 상하이의 협상회의에 참석했다. 그런데 일본 측에서는 이미 중국 정부에서 비준한 '수출입 외환거래한도 보고서'를 가지고 있었기 때문에 중국 측이 불리한 상황이었다.

협상이 막 시작되었을 때, 일본 측이 낸 오퍼가격은 350만 달러였다. 그것이 과하다고 생각한 중국은 여러 번 가격 흥정을 되풀이해 오퍼가격을 293만 달러까지 내려놓았다. 그 가격은 중국 측의 요구에 부합하는 수준이었고 그대로 거래를 성사시켜도 될 상황이었다. 그러나 중국 측 대표는 곰곰이 생각한 끝에 가격에 아직 거품이 있다는 판단을 내렸다.

그때 중국 측 대표는 일본 측 대표에게 이렇게 말했다.

"귀사가 설비가격 오퍼를 내시느라 적지 않은 노력을 하신 데 대해 감사드립니다. 그러나 아직도 우리가 계산한 바와 비교해볼 때 가격에 거품이 있는 것 같습니다. 좀더 고려해본 후에 내일 오전에 다시 협상하고 싶습니다."

다음날 오전 9시, 양측은 다시 만났고 일본 측 판매대리회사 부장은 이렇게 말했다.

"가격은 이미 내릴 만큼 내렸습니다. 더 내리면 손해를 보게 됩니다. 우리들은 손해보는 장사는 할 수 없습니다."

중국 측 대표는 상대방의 말을 모두 경청한 후 정중하게 말했다.

"상황이 그렇다면 협상은 여기에서 중단해야 할 것 같습니다. 거래가 성사되지 못한 것은 정말 유감입니다. 그러나 귀사가 이번 프로젝트를 성사시키기 위해 여러 번 상하이로 왕림해주신 것은 정말 감사드립니다."

그는 자리에서 일어서면서 작별인사를 할 때 일본 측 판매대리회사 부장에게 말했다.

"오늘 저녁 6시에 우리 측이 상하이빌딩에서 저녁식사를 대접하고 싶습니다. 꼭 참석해주십시오."

일본 측은 예상치 못한 상황이 벌어진 것에 심기가 불편해 퉁명스럽게 말했다.

"저녁식사 초대에는 응할 수 없을 것 같군요."

중국 측 대표는 냉정하게 대답했다.

"오늘 저녁 연회는 이미 귀사의 동의를 얻었던 것입니다. 오고 안 오고는 그쪽에서 판단하실 문제입니다."

협상은 29분 만에 중단되었고, 거래는 성사되지 않았다. 물론 중국 측 대표는 워낙 중대한 프로젝트였기에 마음이 조급했지만, 기선을 제압해야만 계획대로 성사시킬 수 있음을 알고 있었다.

저녁 만찬에서 중국 측 대표는 일본 측 판매대리회사 부장에게 거리낌 없이 물었다.

"오전에 우리가 자리를 떠난 후, 이 프로젝트에 관해 다시 한 번 생각해보셨습니까?"

"솔직히 말해 당신들이 회의실을 나간 후 우리는 긴급회의를 열었습니다. 일본 업체는 더 이상 가격을 내리면 손해를 본다는 입장을 거듭 강조했죠. 물론 당신들의 입장은 저희가 잘 알고 있고요. 그래서 거래를 성사시키기 위해 판매대리회사인 우리가 커미션 가운데 5만 달러를 양보하기로 했습니다. 그런데 중극 측에서 수용할지 모르겠군요."

중국 측 대표는 이 말을 들은 후 매우 기뻤지만 아무런 내색도 하지 않고 태연하게 말했다.

"오늘 저녁 우리 기분좋게 한 잔 마셔봅시다. 이제 업무 이야기는 그만합시다. 어쨌든 귀사에서 양보하길 원하시니 내일 다시 협상해보도록 합시다."

일본 측 공장대표는 사실 일본으로 귀국하는 비행기표까지 구입해놓은 상태였다 그러나 다음날의 협상을 위해 귀국을 하루 늦추었다. 다음날 협상에서 일본 측은 10만 달러를 더 깎아주기로 결정했고, 결국 283달러에 거래가 성사되었다.

PRINCIPLE

9

PRINCIPLE

사람 잘 쓰기

사업가들에게 있어서 총명하고 지혜로운 두뇌는 천만금보다 더 중요하다. 전 세계적으로 투자의 귀재로 알려진 워렌 버핏은 이렇게 말한 적이 있다.

"머리를 써라. 나는 1만 6,000달러를 가지고 1,000만 달러의 가치를 창출할 수 있다."

만약 기술이 부족하면 스승을 찾아 배우면 되고, 지식이 부족하면 배움을 구해 물으면 된다. 또한 돈이 부족하면 대출을 받거나 빌리면 된다. 그러나 지혜가 없으면 속수무책이다. 특히 기업에 있어서 인재는 그 어떤 자산가치보다 중요하다. 다 잃어도 그들만 있다면 재기하는 것은 시간문제일 뿐이다.

중국 희망그룹의 CEO 리우용싱은 '사고방식은 자주 전환하되 사람은 자주 바꾸지 말라'는 지도이념으로 인재양성에 힘쓰고 있다. 사료업계 중국 1인자이자 지금은 기업의 선진적인 합병을 계획하는 그는 '기업은 직원들의 집합체이며 우수한 기업은 우수한 직원의 집합체'라고 여기는 것이다.

사실, 기업이 부단히 진화하는 과정은 우수한 인재가 발굴되는 과정이라고 볼 수 있다. 반대로 시장경쟁에서 도태되고 경쟁력 없는 기업은 기업의 정책결정자와 관리자가 도태되었기 때문이라고 할 수 있다. 따라서 적시에 인재를 발굴하고 육성할 수 있는 인재관리시스템을 구축해야만 세대교체가 정상적으로 이루어지고, 또한 혁신시스템이 활성화될 수 있다.

1993년 이래로 희망그룹은 사업영역을 빠르게 확장하고 있으며, 그 중심에는 뛰어난 인재들이 있다. 희망그룹 인재들은 기업 간부와 관리임원으로 고속 승진하여 놀라운 업적을 이뤄내고 있는 것이다. 그들은 희망그룹이 발전하는 데 없어서는 안 될 귀중한 자원이다.

그러나 아직도 인재관리의 중요성을 인식하지 못하는 고위임원들도 있다. 그들은 기업문화와 조직의 응집력을 해체시키는 존재로 심지어 기업의 존망까지 위협한다. 하지만 희망그룹은 내부 구조조정을 강화하고 기업문화를 구축하는 것에 중점을 두고 있다.

이러한 정책에 따라 희망그룹 임원의 기준은 도덕과 능력을 겸비한 인재를 우선으로 여긴다. 일단 인재관리시스템에서 치열한 경쟁을 통해 업적 위주로 인재를 발굴한다. 그리고 인재를 발굴하면 그가 기업과 함께 뛸 수 있는 우수한 '장거리선수'가 되도록 격려하는 데 힘쓴다. 이것은 인재가 지속적인 성장을 할 수 있는 기업환경을 조성하기 위해서다.

공기가 생명유지를 위해 필수불가결한 요소이듯, 기업에 지혜와 총명함을 갖춘 핵심두뇌는 꼭 필요하다. 인재는 기업의 희망이며 성공의 원동력이다.

고객심리 파악하기

고객의 심리를 잘 파악하면 시장 기회를 선점할 수 있다. 고객에 따라 맞춤서비스를 실시하여 고객의 특별한 기호를 만족시킬수 있기 때문이다. 회사의 경영방식과 생산된 제품이 고객들의 심리적 수요를 만족시키지 못하면 장님이 코끼리 만지는 격이 되어버린다. 따라서 기업의 사장은 고객에 관한 한 심리학자가 되어야한다. 고객들의 대표적인 수요 심리는 다음과 같다.

① 저가를 추구하는 심리

소비가 실제로 일어나는 과정에서 사람들은 가장 적은 대가로 가장 큰 효과, 즉 더 많은 사용가치를 얻길 원한다. 싸고 좋은 상품을 추구하는 욕구는 가장 대표적인 소비심리다. 따라서 구매자는 소비할 때 상품가격에 매우 민감한 반응을 보인다. 비슷한 혹은 동일한 품질의 상품이 있다면 소비지들은 항상 저렴한 상품을 선택하려는 경향이 있다.

② 오래 사용하고 싶어하는 심리

소비심리는 소비행위의 효과와 실용가치를 중요하게 여긴다. 대다수의 사람들은 먹고 마시고 입는 물건과 살 집을 필요로 한다. 이에 따라 소비자들은 구매를 할 때 이러한 실제소비를 만족시키기 위한 실용적 가치를 중요하게 생각한다.

③ 안전함을 추구하는 심리

이것은 두 가지 의미를 내포하고 있는데, 하나는 안전을 추구하는 것이고 다른 하나는 위험한 것을 피하는 것이다. 소비자들은 제품을 소비하는 과정에서 소비자와 가족의 생명 및 건강을 해치지 않아야 한다고 생각한다. 사람들이 각종 보험에 들거나 돈을 은행에 예금하는 것은 나이를 먹거나 어려움에 직면했을 때 안전함을 확보하기 위해서다. 또한 소방장비와 방범장비를 구매하는 것은 혹시라도 생길지 모르는 불의의 사고에 대비하기 위해서다. 소비자는 안전을 위해 기꺼이 소비를 한다. 이러한 안전심리는 소비자들이 가정용 가전제품, 약품, 위생보건용품 등을 구매할 때 가장 두드러지게 나타난다.

④ 편리함을 추구하는 심리

소비할 때 편리함을 가장 우선시하며 소비활동에서 최대한 시간을 줄이려고 하는 심리다. 사람들은 가정생활과 업무환경에 가장 편리함을 가져다주는 물건을 소비하려고 한다. 세탁기, 진공청소기, 식기세척기, 음료, 조리식품 등은 모두 사람들의 이런 심리

를 만족시키기 위한 상품이다. 그밖에 세심한 A/S를 요구하는 것
도 편리함을 추구하는 심리에 포함된다.

⑤ 새로운 것을 추구하는 심리

새로운 상품을 추구하는 것은 소비자들이 보편적으로 가지는
심리다. 우리는 보통 새롭고 참신하며 기술적으로 앞서가는 제품
을 만나면 가격이 조금 비싸도 혹은 사용가치가 크지 않아도 충동
적으로 구매하고 싶어한다. 오래되고 낡은 제품은 가격이 저렴하
지만 아무도 찾지 않는다. 새로운 것을 추구하는 심리는 특히 젊
은이들에게서 더욱 두드러지게 나타난다.

⑥ 아름다움을 추구하는 심리

아름다운 물건이 우리의 신경과 감성을 자극하면 우리는 만족
감과 기쁨을 느낀다. 아름다움은 사람들에게 일종의 정신적 향락
이라고 할 수 있다. 오늘날에는 특히 아름다움에 대한 사람들의
관심이 높아지면서 상품의 아름다움을 추구하는 경향이 더 뚜렷
해지고 있다.

⑦ 자존심과 자아를 표현하려는 심리

소비자들은 기본적인 욕구를 해결한 후, 자신의 소비행위를 사
회적으로 인정받고 싶어하고 다른 소비자들에게 존중받기를 원한
다. 사람들은 모두 남에게 좋은 소리를 듣고 싶어하고, 치켜세움
을 받고 싶어하는 심리가 있다. 이러한 심리는 모두 소비행위를
통해 나타난다.

⑧ '명품'을 좇고 모방하는 심리

소비자들은 명품을 강하게 원하고 그 품질을 신용한다. 심지어 명품브랜드만이 사용보증기간을 보증해 주고 소비효과를 높여준다고 생각한다. 특히 젊은 소비자들은 유행을 추구하고 서로 모방하려는 심리가 있다.

⑨ 엽기를 추구하는 심리

엽기를 추구하는 것은 남들과 다른 것, 특이함을 최고로 여기는 심리를 말한다. 주로 청소년들에게 두드러지게 나타난다. 엽기를 추구하는 심리가 나타나는 원인은 엽기적인 독특함 자체를 미(美)라 여기거나 사람들의 관심을 끌고 싶어하기 때문이다.

⑩ 획득하고 싶어하는 심리

대부분의 사람들은 모두 소유욕이 있다. 현명한 판매직원은 이러한 심리를 이용하여 시제품을 통해 고객의 소비를 유도한다. 예를 들어 소비자가 컴퓨터나 프린터를 1개월 정도 무료로 사용하고 나면, 1개월 후 그 물건을 회수해 갈 때 아쉬움이 크게 남는다. 그들의 소유욕은 갑자기 주체할 수 없이 커지고 결국 그 물건을 구입하고 만다.

성공의 기준

기업가 중에서 자신을 최후의 승자라고 생각하는 사람은 거의 없다. 왜냐하면 성공이란 항상 진행형이기 때문이다. 여기서 '성공'이라는 주제로 이야기를 꺼낸 이유는 '최후의 성공'과 '중간단계의 성공'을 구분하기 위해서다.

일단 창업을 하여 초기의 어려움을 극복해냈다면, 그 다음에는 기뻐하기 전에 사업의 전체구도에 대해 다시 한 번 냉정하고 신중하게 검토해야 한다. 지금 '중간단계의 성공'을 획득한 것인지 아니면 '최후의 성공'을 획득한 것인지 판단해야 하는 것이다. 물론 둘 다 성공이지만, 그 의미는 완전히 다르다.

만약 현재의 성공이 단순히 중간단계일 뿐인데 그것을 최종적인 성공이라고 본다면 망상에 빠져 있는 것이다. 이러한 망상은 앞으로의 성장에 걸림돌이 된다. 심지어 힘들게 이뤄온 사업기반을 하루아침에 무너뜨릴 수도 있다.

사업의 성과에 대해 객관적인 판단을 내릴 수 있는 기준은 무엇일까?

첫째, 사업 운영의 정상화

사업 초기에 나타나는 중요한 특징은 사업이 정상적으로 운영되지 못한다는 점이다. 특히 확실한 고객이나 거래처가 없고 직원들도 업무에 익숙하지 않은 상태라면 회사 제품이 자리를 잡았다고 보는 것은 무리다. 물론 기업의 오너 역시 표면적인 일을 처리하는 데 급급하며 매우 불안정한 상황에 놓여 있을 수 있다. 하루하루를 여러 가지 자잘한 문제를 해결하는 데 쓰고, 작은 일에서 사업발전을 도모할지도 모른다. 여기에 마음은 늘 고민과 걱정을 안고 있어 불안정하다.

이런 불안정한 상태는 사업을 처음 시작하는 사람들의 두드러진 특징이다. 이 시기에 장기적인 사업계획을 수립한다는 것은 불가능하며 시간적 여유도 없다. 단기적인 조치를 취해 사업정상화를 유지시켜 나가는 것이 고작이다.

그러나 '중간단계의 성공'을 거둔 후에는 상황이 달라진다. 업무 하나하나를 완성해감에 따라 구성원과 회사는 점점 전문화된다. 더불어 회사 내부에 자연스럽게 시스템이 생긴다. 일이 생기고 주문을 받으면 각 부서에서는 시스템에 따라 업무를 스스로 처리하고 신속하게 완수한다. 더 이상 창업 초기처럼 오너가 일일이 모든 일에 직접 나서고 결정할 필요가 없다.

오너가 업무에 일일이 신경을 쓰거나 실행지시를 내릴 필요가 없도록 과학적인 운영시스템을 구축하면 내부업무는 이미 정상화 단계로 진입했다고 봐야 한다. 물론 오너는 여전히 큰 사업과 관련된 중요한 의사결정을 해야 하지만, 구체적인 업무는 이제 직원들이 해결한다.

모든 부서에는 전문적인 인재들이 배치되어 업무에 대한 책임을 지고 있다. 이 정도가 되면 오너는 돈과 일로부터 자유를 얻게 된다. 이것은 사업이 성숙단계에 진입했을 때 나타나는 모습이다. 또한 기업경영 면에서 효율성이 높아지고 업무처리가 안정되기 시작했음을 보여주는 중요한 지표다.

사업이 정상화 단계에 진입했는지를 측정할 수 있는 아주 간단한 방법이 있다. 오너가 전화로 회사 전체의 자본운영을 지시할 수 있다면, 업무가 일단 정상화 단계에 진입했음을 의미한다.

둘째, 상대적으로 안정된 거래처

사업에 있어서 고객은 하늘과 같다. 따라서 고객개발은 창업 이전부터 추진해야 할 중요한 업무다. 그러나 고객과 거래처는 사업내용에 대해 아는 바가 없으므로, '회사의 성장 잠재력을 인정하고 거래를 해주겠지'라고 안일하게 생각하는 것은 커다란 오산이다. 따라서 이 시기에는 회사와 사업을 홍보하는 데 시간과 자금을 쏟아부어야 한다. 이때, 상품과 서비스가 좋다면 고객은 서서히 늘어나게 된다.

거래처와의 거래가 안정적인 상태에 진입했다는 것을 판단하는 방법에는 두 가지가 있다.

하나는 거래처와의 업무거래, 결제 등이 정상화되어 있고 명문화된 사업규율을 준수한다. 양측은 장기적인 사업거래를 통해 상호 신뢰감을 쌓은 상태고 둘다 장기적으로 사업을 함께하기를 희망한다. 그리고 단기적 이익을 취하는 행동은 최소화한다.

다른 하나는 초기와 달리 제품과 서비스가 좋지 않을 때도 거래를 한다. 거래처는 능동적으로 나서서 사업을 도와주고 함께 고민해준다. 심지어 일정 범위 내에서 자신의 이익을 희생하기도 하며 함께 난관을 극복할 수 있는 방법을 찾기도 한다.

거래처가 이처럼 도움을 줄 수 있다면, 쌍방의 관계는 이미 안정적인 단계에 진입한 것이다. 상대적으로 사업이 성숙한 상태로 진입했다고 보아도 무방하다.

셋째, 마케팅 전략과 안정화 조치

일반적으로 볼 때, 최소한 1년 이상 사업체를 경영해야만 상품의 판매주기를 어느 정도 파악할 수 있다. 또한 1년이 넘어야 자신의 회사에 맞는 마케팅 전략의 특징도 이해하고, 업무와 시장상황에 맞게 전략과 대책을 구축할 수 있다. 마케팅 전략과 경영 조치가 안정적인가 아닌가를 판단하는 중요한 지표는 오너가 능동적으로 사업을 운영했느냐 아니냐에 달려 있다. 만약 고객이나 거래처에 끌려다니고 있다면 안정화되지 않았음을 의미한다.

이밖에도 사업이 성숙기에 진입했음을 알아보는 지표에는 다음과 같은 것이 있다.

- 자금회전이 빠르다.
- 사업의 무게 중심에 변화가 생겼다.
- 사람들이 모두 회사가 성장했음을 안다.
- 사업을 바라보는 관점이나 태도, 관념에 큰 변화가 생겼다.

창업초보자 단계를 벗어났다고 생각한다면, 위의 몇 가지 기준을 놓고 정확히 분석해볼 필요가 있다. 이러한 기준들을 만족시켜야만 사업이 새로운 발전단계에 들어섰다고 말할 수 있다.